本书为河北省社会科学基金项目：精准教育视角了
基础教育供给体系研究（HB18JY036）最终研究成身

"互联网＋基础教育"
精准供给模式研究

朱玉莲　著

燕山大学出版社
· 秦皇岛 ·

图书在版编目（CIP）数据

"互联网+ 基础教育"精准供给模式研究 / 朱玉莲著. 一秦皇岛：燕山大学出版社，2023.5

ISBN 978-7-5761-0507-0

Ⅰ①互… Ⅱ.①朱… Ⅲ.①基础教育－计算机辅助教学－教学模式－教学研究 Ⅳ.①G434

中国国家版本馆 CIP 数据核字（2023）第 047110 号

"互联网+基础教育"精准供给模式研究
"HULIANWANG + JICHU JIAOYU" JINGZHUN GONGJI MOSHI YANJIU
朱玉莲 著

出 版 人：陈 玉

责任编辑：刘馨泽　　　　　　　　　　策划编辑：刘馨泽

责任印制：吴 波　　　　　　　　　　封面设计：刘馨泽

出版发行：燕山大学出版社　　　　　　电　　话：0335-8387555
　　　　　YANSHAN UNIVERSITY PRESS

地　　址：河北省秦皇岛市河北大街西段 438 号　　邮政编码：066004

印　　刷：涿州市般润文化传播有限公司　　经　　销：全国新华书店

开　　本：710 mm×1000 mm　　1/16　　印　　张：11

版　　次：2023 年 5 月第 1 版　　印　　次：2023 年 5 月第 1 次印刷

书　　号：ISBN 978-7-5761-0507-0　　字　　数：173 千字

定　　价：44.00 元

前　言

　　党的十九大、二十大报告连续指出，"要优先发展教育"，"坚持教育优先发展"。党的二十大报告强调，要办好人民满意的教育，迫切需要更加公平、更高质量的教育。高质量的教育是有活力的教育，能让管理者、教育者和受教育者的主体性得到高度尊重，创造活力得到充分释放。高质量的教育是强约束力的教育，教育体系的自身运行，必须接受教育制度、教育规律、教育科学的约束。合理的公平教育是承认受教育者自身必然的个体差异，尊重学习者的差异和自由选择的权利，充分满足学习者个性化、差异化的教育需求，使所有人都享有适合自身发展需要的教育权利。目前囿于经济发展水平和文化制度，限于教育教学相关机制，困于现有优质教育资源的数量和配置，实现公平而高质量的教育仍需我辈不断努力而求索。

　　根据《教育信息化 2.0 行动计划》（教技〔2018〕6 号）的要求，要加快推进数字技术和人工智能等信息技术向教育领域的转移，全面赋能学校教育，推动教育形态的深刻变革，在一定程度上助力实现从"学有所教"向"优有所教"的转变，满足从"有学上"到"上好学"的追求。因此，基于"互联网＋"行动计划背景，借助信息技术这一撬动教育系统变革的有力的、内在的变量，推动教育教学理念更新、模式变革、体系重构，重构基础教育供给模式，是一个值得深入探索研究的主题，既有重要的理论价值，又有现实的实践意义。

　　本书在界定相关概念和梳理相关研究基础上，分析了教育信息化背景下国外主要发达国家基础教育供给改革实践以及我国的基础教育供给现状，阐述了基础教育精准供给模式的相关理论基础和我国的基础教育精准供给实践现状。在此基础上，从信息技术与基础教育深度融合切入，基于"互联网＋"思维、"跨界融合，连接一切"的理念，构建"互联网＋基础教育"精准供给体系框架。

本书在绪论部分，首先对相关概念进行了界定，接着从"互联网＋教育"的基本理论、实践应用及教师教育培训三方面进行文献梳理，目前的教育信息化发展战略与实践研究稳步推进，基于"互联网＋"重构教育服务供给体系及从宏观模式研究向微观课程体系细化较为凸显。由此可知，本书紧跟目前的研究趋势。

第二章就美国、英国、日本和中国四个国家的基础教育供给现状以及主要改革实践进行简要阐述。各国在教育信息化战略背景下，从不同角度对基础教育供给体系进行改革，主要关注学生及家长个性化、高品质以及定制性教育资源的提供。此外，对我国基础教育供给进行了详细的分析。

第三章主要分析了构建"互联网＋基础教育"精准供给模式的理论基础和实践现状。相关理论基础主要包括：学生核心素养理论、"互联网＋教育"的理念、精准教育基本理论、基础教育供给侧结构性改革理论、基础教育融合供给范式。简要分析了我国基础教育供给实践现状及存在问题。

第四章是本书的主体部分，详细阐述了"互联网＋基础教育"供给体系框架。主要从供给主体、供给环境、供给方式、供给载体、教师团队以及精准评价六个方面进行了详细阐述。

第五章从实施精准教育的基本条件以及加快基础教育融合供给模式构建的对策两方面进行了分析。基本条件包括政策条件、信息通信技术条件、教育信息化的环境条件，以及学习者与教师的数字素养与技能；并针对政府、学校以及社会组织三方提出了相应的构建对策。

本书不仅能为基础教育领域教师的职业发展提供借鉴，也可以为教育行政管理部门的领导及相关人员提供参考。本书得到了河北省社会科学基金项目"精准教育视角下'互联网＋'基础教育供给体系研究"（HB18JY036）的支持。同时，对本书出版过程中辛苦付出的燕山大学出版社的编辑团队深表谢意！受作者水平所限，书中不免存在疏漏和不周全之处，敬请同行和广大读者批评指正。

　　"互联网＋基础教育"的精准供给是一项长期而艰巨的任务，唯有"政、产、学、研"多方协同积极推进，方能凸显成效。目前仍有诸多问题亟待深入研究，如基础教育数字化转型发展、教师数字素养提升和结构性改革、多方协同发展教育的机制等。期待更多研究者和实践者共同关注，协同探索基础教育精准供给。

朱玉莲

2023 年 2 月

目　　录

第一章 绪 论

本书主要从信息技术与基础教育深度融合切入，目的是基于"互联网＋"思维，推动基础教育供给改革；借助"互联网＋基础教育"模式，促进基础教育均衡发展，提升基础教育精准供给能力。"互联网＋基础教育"基于云计算、大数据、人工智能等技术基础，利用学习分析技术，对个体学生进行深度分析评价，并提供精准的教育资源和服务。基于适应性视角构建"互联网＋基础教育"融合供给模式，为深入改革基础教育供给体系提供框架。

第一节 研究背景

一、选题目的

（一）"互联网＋"渗透基础教育，推动基础教育供给侧改革

"互联网＋"使传统行业发生了颠覆性变革。"互联网＋"思维和技术在基础教育领域的渗透，对教育教学服务模式产生影响，能更好地进行教育资源的优化配置，扩大优质教育资源的潜在价值和受益群体；有利于消除传统学校围墙和班级教室的固定界限；促使将原来由学校供给方驱动的教育服务，改变为由学生需求驱动的教育服务，从而促进基础教育供给侧改革。

（二）"互联网＋"构建基础教育模式，促进基础教育均衡发展

"互联网＋"的"跨界融合，连接一切"的思维，可以将政府、社会机构及学校资源整合，重新分配。在线教育、混合教育等教育模式，以及基于互联网的教育科研、学习共同体等，可以在一定程度上解决基础教育资源不均衡的问题。

（三）"互联网＋"赋能基础教育，提升基础教育精准供给能力

第一，"互联网＋"是教学环境，为教学实践提供无限可能的优质的师资资源库和丰富的教学资料库，为教学的改造和巨大变化提供可能，全新的教学环境是基础教育的外部条件保障。第二，"互联网＋"是创新的教育教学手段，其优质教育资源的无限复制共享、教育信息的便捷交互、教育主体的多元协作以及教学资源的全新整合等功能特性，对基础教育教与学的资源进行了更加便捷、合理的配置，使教育教学内容有效传递，为师生间教学互动交流等教学过程，带来了量的增加、质的提高和效率的提升。第三，"互联网＋"是基础教育的教学内容，以信息科技课程等为载体，以第一、第二课堂等多种活动为具体形式，以提升学生信息技术素养为目的而被纳入教学，本就具有重要的教育价值。"互联网＋"从教学环境、教学手段以及教学内容三个方面，为传统基础教育的精准教学实施提供可能。

二、选题价值

（一）理论价值

"全面发展的人"是《中国学生发展核心素养》（2016）指出的中学生核心素养的核心。围绕培养"全面发展的人"的目标，基础教育应是适应性教育，为每个孩子提供适合其个体需求的教育，使其取得学业上的成功，获得全面发展，具备适应未来社会发展需要的终身学习的能力和良好品格。目前的传统课堂教育，很难照应到每个孩子的发展需要。《教育信息化 2.0 行动计划》强调，要加快教育信息化建设，推动基础教育更新教育教学理念、变革

现有教育教学模式、重构教育教学体系。党的二十大报告指出，要推进信息技术赋能学校教育。"互联网＋基础教育"以云计算、大数据、人工智能等技术为基础，并借助学习分析技术的研究和应用成果，对个体学生深度分析评价，提供精准的教育资源和服务。因此，基于适应性视角构建"互联网＋基础教育"的融合供给模式，为深入改革基础教育供给体系奠定了理论基础。

（二）应用价值

党的十九大报告指出，要让每个孩子都能享有公平而有质量的教育，这意味着教育不仅仅关照学习者群体，更要以学生为中心，聚焦学习者个体。因此，教育不仅要从宏观进行教育均衡协调发展的研究，还要从微观进行精准化教育探索。本书立足精准教育视角，基于"互联网＋"的"跨界融合，连接一切"的理念，从基础教育供给侧改革切入，整合政府、社会机构和学校的资源，如高质量专业的社会教育培训资源，对基础教育供给体系进行重构。这对于因优质教育资源不足、分布格局不均而出现的无法适应个性成长需求的基础教育，具有重要的应用价值。

第二节 相关概念界定

无论明确地表述问题，还是检验假设，一个根本性的前提都是需要清晰的概念。对于探索的领域、研究的问题要有较为明确、清晰的认识，才有助于研究观察、实验验证。反之，所有的研究及其结果都会无济于事。任何研究的前提必须建立在明确的概念界定基础上。因此，本书对于涉及教育的概念进行了尝试性的解读。

一、教育公平

随着人类对教育基本权利的孜孜追求，对教育公平的相关研究也在不断深入、完善，关于教育公平的概念亦出现众多界定。"社会成员受教育机会均等"是西方社会教育研究领域对教育公平的界定。美国学者詹姆斯·科尔曼认为，教育公平是"结果的平等"。美国的格林则在"结果的平等"的基础上，提出"平等与最善"的教育公平原理。"平等原理"是指每个人享有最低限度的与其他人同等程度的优质教育的权利，"最善原理"是指每个人享有对自己来说最好的教育的权利。

经济合作与发展组织（OECD）从两个方面定义教育公平：公正（fairness），个体无论种族、社会地位、经济水平以及性别等因素如何，都要确保其不受影响，进而取得其能力所及的教育层次和高度；覆盖（inclusion），教育要确保每个个体都有接受最低标准、基本的教育机会。因此，根据OECD的界定，教育公平就是确保每个人享有最低标准的教育机会，同时接受的是个性化的"因材施教"，并且教育使个体在自己的基础上获得充分发展。

教育公平是承认受教育者自身必然的个体差异，无论是天然禀赋能力，还是环境造就的兴趣爱好，尊重学习者的差异和自由选择的权利，通过创建完善的教育供给体系，提供多样化、优质的教育资源（涵盖不同层次教育、课程内容、教学模式等），充分满足学习者个性化、差异化的教育需求，是所有人享有适合自身发展需要的教育权利的理念和原则。本书倾向采用这一种对"教育公平"的界定。

二、精准教育

精准教育是基于"互联网＋"的一种教育理念，使需求与供给的逻辑关系发生根本改变，教育不再是学校、教育机构和课堂教师等教育供给侧提供什么教育服务，学生和家长等教育需求侧就被动接受什么样的教育服务，而是教育供给侧在教育需求侧的实际需求驱动下，提供针对性、个性化的教育服务。"互联网＋"下的精准教育是基于大数据技术，持续跟踪记录每个学生的学习轨迹，根据其行为轨迹分析其特征，从而提供适应性教育。因此，精准教育强调的是要根据教育需求侧的实际需求提供针对个体发展的教育。

三、教育供给侧结构性改革

"供给侧结构性改革"的说法是习近平总书记于 2015 年在中央财经领导小组会议上首次提出的。这一概念一开始在经济领域的讨论研究较多,在教育和公务服务等领域较少被谈及。从基本概念角度出发,"供给"和"需求"是供给侧结构性改革的两个元概念,"结构性改革"涉及的是一种系统性的变化。在不同的场域下,供给、需求和结构性改革的含义不尽相同。基于具体的经济领域,供给侧结构性改革是指当下市场中的主要产品不能满足社会消费主体的产品需求,因而需要产品供给端进行系统性的变革,进而更好地满足消费者对产品的最新需求的变化过程。就本书涉及的基础教育供给侧结构性改革而言,主要指由于人民经济文化水平的不断发展,当前基础教育产品和服务已经无法满足现有人民群众对基础教育数量与质量的需求,需要以政府为主体的基础教育产品供给端进行系统性的变革,从而更好地满足人民群众对基础教育新需求的变化过程。

教育领域的供给侧结构性改革,指的是教育供给方用系统变革的方式,进行基础教育结构重整和优化配置,通过改善基础教育公平优质的、均衡协调的教育供给,使得优质的教育供给结构能够适应教育需求变化,并作出有效的、及时的以及灵活的反应,更好地满足广大人民群众对美好教育的需求。

四、基础教育供给

基础教育的目的是满足基础教育的需求,包括两层含义:一是教育机构为每个有需求的个体提供享有基础教育的机会;二是学校教育机构有责任培养人才质量水平高、素质结构合理的劳动者。从基础教育供给的内容来看,分为基础教育产品供给以及基础教育机会供给。基础教育产品指的是学校提供给受教育者的知识,而基础教育机会指的是国家提供给适龄儿童接受教育的机会。从基础教育供给的方式来看,主要为国家供给和私人供给,以及二者结合供给。

五、教育信息化、"互联网＋"内涵界定

（一）"信息化"与"教育信息化"内涵

信息化的概念最早由日本学者梅棹忠夫于 20 世纪 60 年代提出，70 年代在西方社会普遍使用。一个国家的信息化，是指在政府的统一规划设计之下，在科学技术、国防建设、农工林牧以及社会生活的方方面面广泛应用信息技术，使信息资源在各领域实现高度共享，使得人的智力潜能以及社会物质资源的潜在价值得到有效发挥，使社会的运行发展、组织的决策决议以及个体的行为活动趋于理想化状态。

关于教育信息化的概念，学术界没有达成统一的观点。黄荣怀教授等人认为，教育信息化是一个广泛应用信息技术，持续改进教育教学过程，培养和提高受教育者的信息素养，进而促进教育现代化的过程。我国教育技术领域的专家南国农先生认为，教育信息化是指在教育过程中广泛应用信息技术，设计、制作、开发数字化资源，进而优化教育过程，培养学习者的信息技术素养，促进教育现代化的过程。

从教育与社会发展的关系视角来看，随着信息社会的发展和知识经济浪潮的涌来，教育信息化是为了适应这些变化而进行的教育创新发展和深度变革。学校不再是对学生产生影响的唯一机构，学校之外的组织、机构以及家庭对学生的影响逐渐凸显。

（二）"互联网＋"概念界定

2015 年，"互联网＋"计划首次出现在国务院政府工作报告中。报告强调，通过"互联网＋"行动计划的制定，国家加强推动以互联网、物联网、云计算、大数据等为中心的信息技术与现代制造业的融合，促进工业互联网、金融互联网以及电子商务等健康有序发展，使得互联网相关企业能够拓展全球市场。"互联网＋"在《国务院关于积极推进"互联网＋"行动的指导意见》（2015）报告中被解读为：把互联网的创新成果与经济社会各领域深度融合，推动技术进步、效率提升和组织变革，提升实体经济创新力和生产力，形成

更广泛的以互联网为基础设施和创新要素的经济社会发展新形态。

根据"互联网 + "的概念，专家学者们基于教育和信息技术二维角度对"互联网 + 教育"的概念作了界定。王磊等人认为，"互联网 + 教育"就是借助信息技术手段开展的全新教育形态，是建立在以双向通信技术为核心的通信技术上的教育。这一教育形态，突出了学生的主体性，并借助了多种媒体技术和交互手段。吴中南认为，"互联网 + 教育"是把互联网基因通过信息技术渗入教育，使教育过程发生整体变革，包括人才培养的目的、过程和评价等方面。"互联网 + 教育"可以推动人才培养的体制和机制的变革，构建以互联网为架构的全新的生态化教育，培养信息社会和知识经济时代社会发展需要的人才，使教育发生全局性、战略性的发展和转型。

2016年5月24日，在中国教育信息化产业技术创新战略联盟（简称联盟）成立大会上，与会专家学者指出，"互联网 + 教育"就是借用互联网技术和思维改造传统基础教育，通过信息技术和信息化产品突破教育教学困境，是我国通过教育信息化推进教育现代化的重要思路，也是有力推动我国基础教育变革的首选途径。基于上述认识，本书认为"互联网 + 教育"即是在教育的各个要素中融入信息技术要素，包括教学内容、教学目的、教学方法以及教学评价管理等，最终实现互联网技术与教育高度融合的新形态教育。其中要特别提出的是，"互联网 + 教育"并不是简单地把互联网技术作为教学的工具或者是用互联网来取代教育，而是二者的深度融合。

第三节 相关研究现状

本书主要关注了两大相关研究领域，即"基础教育供给"和"互联网 + 教育"。以"基础教育供给"为关键词搜索 CSSCI 来源期刊和知网核心期刊，由搜索结果可知，主要是从经济学、社会学、管理学以及教育学角度展开的研究，前两者研究较多，后两者研究增幅较大。我国学者对于"互联网 + 教育"的研究较多，主要涉及"互联网 + 教育"的基本理论（陈丽、张岩，2017），"互联网 + 教育"的实践应用（张伟远，2016；郝敏钗，2017），"互联网 + "

时代高校教师发展的新思路（李芒，2016）等。

一、关于"基础教育供给"的相关研究

（一）基础教育供给的均衡和公平

关于"基础教育供给的均衡和公平"问题的研究开始得较早。王欣双（2011）以公共产品理论和福利经济学为理论基础，指出增加教育供给的绝对量需要通过多种途径筹资；为了解决目前基础教育不均衡的现状，应当转变教育管理主体的层次，改"县管教育"为"中央拨款、地方管理"。周继红（2004）认为，实行私立学校和公立学校双轨运行应是基础教育较为有效的供给机制。汪旭、张艳（2010）等主要探讨了我国城乡间基础教育供给不均衡的诸多问题。贾婷月（2017）使用多种数据分析和计算模型，计算了2004—2012年期间，我国省际基础教育的技术效率以及全要素生产率水平。该研究发现，在基础教育的一般设施水平达到一定程度时，为了改善基础教育配置效率，财政资金应该较多地配置给与教学质量相关的要素而非数量要素。

（二）基础教育供给侧结构性改革

关于"基础教育供给侧结构性改革"的问题，大多结合案例进行研究。江虹（2016）认为，对基础教育集团化办学的供给侧改革方向起到重要推动作用的，是吸纳社区参与集团化办学模式，具体以社区的"四民"为改革的支撑点。谢蓉在《基础教育的公私合作供给模式与治理》一文中，以珠三角的三种典型的公私合作基础教育供给模式为例进行研究，文章详细分析了现有的公私合作供给、治理机制的优势和劣势，主要包括国家政策扶持倾向、公共经济资助、人力资源监管制度、行政事务管理体制四个维度。研究最后，从四个方面给出一些完善公私合作基础教育供给机制的建议：首先转变政府在基础教育供给中的职能；其次进一步改进政府在基础教育中的治理机制，接着强调要培育和引导民办教育机构；最后指出政府要通过引导和监管，协调公办、民办性质学校之间的合作竞争关系。俞晓东（2017）以杭州新名校

集团化办学实践为案例研究，指出杭州从名校集团化办学到新名校集团化办学改革，促使杭州的教育供给侧结构性改革进行升级改版，从政策上打通了县域到市域优质教育资源设计开发共享的通道，从管理到治理，以制度创新促管理方式新变革。

（三）基础教育供给模式

关于"基础教育供给模式"的研究，近几年较多，主要集中在三个方面：一是笼统的基础教育供给模式研究；二是细化的基础教育供给模式研究，如教育资源、基础设施以及教育产品供给模式研究；三是公私合作供给模式、基础教育服务合约供给模式研究等。徐静（2009）指出，义务教育的政府单一供给模式无法满足人们多样化的教育需求，提出了以政府供给义务教育为主体，辅以社会市场供给和第三方供给的多种方式的复合模式。谢蓉（2016）以珠三角地区外来务工人员子女的学校、具有特色的民办学校以及校区配套的学校的实际教育供给为例，提出完善公私合作供给模式的建议：政府主要以宏观管治和提供服务为职能，管治是以学生、家庭等教育消费者的利益为出发点；培育并发挥市场在教育供给中的中介作用，推进民办教育在政府监管下进行自我管理，协调政府公办学校与社会市场民办教育机构之间的竞争机制，形成良性的基础教育合作竞争机制。

关注教育本质，从教育系统角度进行"基础教育供给"的研究较少。李奕（2017）基于北京市基础教育领域深化综合改革的实践研究，以提升学生实际获得感为前提，面向学生未来发展，提出了基础教育供给体系中各组成要素的协同机制，并对跨学科课程体系建立、教师专业核心能力培养、网络化教育供给途径构建以及多元化教育供给评价体系建立进行了较为全面的阐述。胡小勇（2020）在分析信息技术演进过程基础上，结合基础教育公平的新时代内涵，提出基础教育供给呈现新的转变，从工业时代的标准化供给到信息时代的多样化供给，信息技术赋能教育，实现教育供给的转变是其价值所在；并从信息技术手段、具体实施途径以及国家政策层面制定等多方面分析信息化如何促进我国基础教育均衡发展的总体路径；还从国家整体设计、教育资源合理配置、智力资源支持以及多元教育评估等角度提出了教育信息化助推基础教育充分、优质供给的策略。

增加基础教育绝对供给，提高基础教育供给质量，才能满足人们日益丰富、多样的教育需求，需要从经济的角度研究基础教育的经费供给模式。但是，教育是一个系统工程，单一的经费、物质资源供给研究不能保证高质量的教育供给结果，需要从系统的角度，并遵循教育教学的规律，研究基础教育的供给体系，从而提供优质的基础教育供给。

二、关于"互联网＋教育"的研究

（一）"互联网＋教育"的基本理论研究

目前，有关"互联网＋教育"的基本理论的研究成果较多，主要探讨"互联网＋教育"的本质特征、内涵、教育模式、变革路径、发展机遇与趋势等。陈丽（2017）认为，"互联网＋教育"的本质是通过互联网实现教育体系的重构和升级。张岩（2016）重点从"互联网＋教育"的内容、"互联网＋教育"的体验、"互联网＋教育"的管理和"互联网＋教育"的评价四个方面探讨了"互联网＋教育"的理念和模式。未来的教育，其内容重在课程设计，要整合优质教育资源，并提供多层次、高质量的公共服务；其过程重在学习者的需求和体验；教育管理将在智慧校园中进行；教育评价更多体现多元性。"互联网＋教育"改革路径的研究，以余胜泉教授和熊才平教授的系列研究为典型。余胜泉教授从教育环境、课程形态、教学模式、学习形式、教学评价、教育管理、教师发展、学校组织等方面全面阐述了变革路径。

（二）"互联网＋教育"的实践应用研究

"互联网＋教育"的实践应用研究体现在"互联网＋传统教育"的学科教学、远程教育以及在线职业教育培训项目中。姚小烈（2016）基于"互联网＋"思维和技术，创新少数民族汉语教师队伍建设模式。该研究将互联网和汉语教学深度融合，构建教与学的网络空间环境，加强优质教与学资源共享，为学生提供多样化、个性化的学习支持服务，实现了少数民族汉语教学跨越式发展。张伟远（2016）博士基于香港大学"互联网＋继续教育"实践研究提出，"互联网＋继续教育"要实现理想效果，需要遵循教育为本、技术手段为支撑的理念，发挥教职工与信息技术人员的合力作用，"互联网＋继续教育"需要顶层设计，在校本需求的基础上建设技术支撑，对管理系统要进行规划性发展。"老师走起"是"互联网＋教育"的一个教师专业成长案例；汤敏的"双师教学"，通过"互联网＋"技术，实现城市优质教学资源向农村地区输送。北京市政府部门和高校联合发起的"中学教师在线辅导计划"，可以让每一个学生都享受到在校教师和在线教师的"双师服务"。"作业盒子"是"互联网＋教育"实现适应性教育的一个平台，它通过管理学生作业模块，及时记录且生成每个学生的学习知识图谱，便于学生个体精准获取个性化的各类学习资源。

（三）"互联网＋"背景下的教师培训研究

"互联网＋"背景下教师专业发展的研究多集中在内涵和培训模式两方面，培训模式多以线上线下混合培训模式为主。有学者重点研究构建区域教师线上线下混合式培训模式，以区域综合公共服务平台为技术支撑，就混合培训的具体形式、培训的组织与管理机制以及学习支持服务体系展开研究。王帆（2016）提出了区域教师定制式在线培训模式；任晓媛（2016）提出了基于慕课平台的混合培训模式；梁文鑫（2017）对以大数据为基础的教师在线移动培训课程的设计与开发进行了研究；黎重辉（2021）主要从提高教师专业素质和知识水平目的出发，探讨"互联网＋"背景下教师信息素养培养的相关研究内容；乔莹莹（2021）鉴于疫情下基础教育教师的信息化教学现状，即信息化教学水平有待提升，技术整合学科教学的知识和能力有待加强，处理突发事件的能力有待增强，提出"互联网＋"背景下的教师研修模式，以构建网络实践共同体，提升教师的信息素养以及信息化学科教育教学知识和能力，促进教师教学实践能力和自我发展能力，提升教师对突发事件的预警和处理能力。

三、国外相关研究现状

与中国"互联网＋教育"较为相似的国外研究是教育信息化。张进宝（2014）在《国际教育信息化发展报告：内容与结论》一文中，从国际教育信息化发展现状、主要的信息化研究项目、主要研究的框架、项目的整体进程、重要结论等五方面，对各大洲的信息化进行概括总结。朱莎（2014）对中国、美国以及新加坡三国的国家教育信息化发展或规划进行了深入剖析，认为各国的教育信息化强调重点不同：中国政府更强调借助信息技术实现基础教育均衡发展，缩小数字鸿沟；美国致力于通过教育技术实现整体教育体系的结构性变革；而新加坡更强调学习者的能力培养和个体发展。美国的《国家教育技术计划（2010）》2010 年发布，该计划全面总结、详细梳理了近 30 年来美国企业内相关部门应用信息技术的经验与教训，并与教育机构相关部门应用教育技术的现状进行了对比。

四、研究趋势分析

（一）教育信息化的战略式发展与具体实践研究稳步推进

研究者都明确强调"互联网＋教育"是教育信息化的战略发展方向，并着重分析其本质、内涵、特征以及变革路径。我国现有的"互联网＋教育"的实践虽然呈现零散状态，但已开始在具体课程教学中开展教学改革实践，顺应了教育信息化的趋势。

（二）基于"互联网＋"重构教育服务供给体系

美国的《国家教育技术计划（2010）》指出，如果想使教育的社会价值、经济价值发生显著提升或变化，教育系统就需要进行重大结构性变革，而不是温和的、渐进式的修修补补。北京师范大学副校长陈丽在 GES2018 未来教育大会上曾表示，互联网对整个教育的颠覆不只把传统课堂实践搬到网上、把优秀教师的教学讲解进行传播，而是对信息数据供给侧的可能性进行重构，改变目前只有学校这种教育体系和由老师进行教育服务的供给方式。同时，中国经济的发展导致教育需求发生了变化，教育的主要矛盾也发生了变化。"互联网＋教育"已成为进一步推动适合未来的新的教育组织体系、教育服务供给体系、教育制度创新的重要战略机会。

（三）从宏观模式研究后微观课程体系细化

在"互联网＋教育"背景下，微课的设计与应用有了新的途径与方法，有了强大的互联网技术和资源作支持，微课的设计也有了新的意义。同时，在"互联网＋教育"背景下，微课设计与应用的技术壁垒，因为互联网的引入而被减弱，教学、课程及具体应用与规划成了重点。

参考文献

[1] 沃尔夫冈·布列钦卡.教育科学的概念：分析、批判与建议 [M].胡劲松，译.上海：华东师范大学出版社，2001.

[2] 瞿葆奎.中国教育研究新进展 [M].上海：华东师范大学出版社，2001.

[3] 吴佳莉.英国中小学分层教学研究 [D].重庆：西南大学，2016.

[4] 张万朋，程钰琳.探析教育领域的供给侧结构性改革 [J].复旦教育论坛，2017，15（5）：9-16.

[5] 南国农.教育信息化建设的几个理论和实际问题（上）[J].电化教育研究，2002（11）：3-6.

[6] 黄荣怀，江新，张进宝.创新与变革：教育信息化的核心价值 [M].北京：科学出版社，2007.

[7] 黄荣怀.教育信息化助力当前教育变革：机遇与挑战 [J].中国电化教育，2011（1）：36-40.

[8] 王磊，周冀.无边界：互联网＋教育 [M].北京：中信出版社，2015.

[9] 吴南中."互联网＋教育"内涵解析与推进机制研究[J].成人教育，2016(1)：6-11.

[10] 鲍娟，王正青."互联网＋教育"时代中国比较教育学的学科转型 [J]. 教师教育学报，2017（4）：16-22.

[11] 刘宇行."互联网＋教育"模式下的微课设计与应用研究：以初中生物教学课程为例 [D]. 哈尔滨：哈尔滨师范大学，2020.

第二章 国内外基础教育供给改革实践的基本研究

第一节 信息化背景下西方主要国家基础教育供给体系改革研究

一、美国基础教育供给体系改革研究

美国作为科技强国，高度重视科学技术在教育领域的应用。1996—2016年期间，美国政府先后五次发布了《国家教育技术计划》报告，推行了一系列与教育信息化相关的行动计划，成为世界上教育信息化程度最高的国家之一。美国的公共教育供给，在经费上采用多方分担模式，即美国联邦政府、各州政府、当地地方政府（学区）及个人家庭等共同投入。

（一）美国公共基础教育精准供给体系改革概况

段素菊（2004）从多个视角对发生于 20 世纪 80 年代以来的美国社会公共基础教育教学改革进行了系统研究。美国的基础教育改革体现出三个维度，即基于国家观念的指导开展的教育改革、市场逻辑影响下的教育改革以及在公立与私立竞争背景下的基础教育问题的解决方案。

自 20 世纪 80 年代开始，美国就开展了基于国家观念的基础教育内部改革，在确保公共教育本质的前提下，实施校本管理模式，赋予学校一定的自治权利，如经费使用、教师聘用管理、学生入学政策以及家长参与学校决策

等方面。在适度解除学校官僚体制的同时，给学校赋予了更多自治的权利和自由。另外，明确教育绩效责任，开展教育教学体系内的系统化改革。首先，制定规范的课程标准，包括严格的、科学的评价测试标准和体系。严格制定考试制度，在标准的框架内，引导学校寻找个体差距，明确具体的改进方式。这样不仅确保有效的教育供给的公平性，而且能从根本上保证教育教学的质量。其次，注重基础教育教师的专业发展和实践能力提升。在全美数学教师大会上建立的数学标准，已得到教育教学系统化改革人员的普遍认可。目前，其他学科也在努力仿效这一研究成果。

在美国，公立学校是很难令美国民众信服的学校教育机构。因此，美国政府一直想方设法通过各种政策制度，对基础教育公共供给进行市场化改革。通过开放学校的入学政策，破除公立学校之前划定的学区界限，给予公立学校较多的政策调整和经济支持，来促进公立学校的发展。此外，从20世纪80年代开始，美国的家庭学校也在不知不觉中兴起，并保持了一定的上升势头。随着私立教育机构、家庭教育学校的发展，美国社会的公共基础教育机构也需要完善自身的教育体制，才能在美国社会强有力的市场化教育改革中立足。

特许学校就是在这样的背景下成立的一种新型的公立学校。它们的教学目的、教学方式、课程设置以及教学过程独特且多样，灵活多样的管理是它的特色，它们有不同的办学目的。例如，有的学校为了提高学生学习成绩，有的学校则重视职业教育，还有一些学校是为了让特殊群体接受教育。

美国的契约学校脱离了政府官僚体制以及行政管辖限制，董事会只对学校进行宏观监督、调控以及评估等。契约学校本身在教育教学服务、人事聘用以及经费支出等较为微观的方面拥有自主权，并且能够开发自己独特的教育项目。学校只确保对学生的学业成绩和家长的需要负责。

美国通过"第三部门"的广泛介入，实施"混合教育制度"，具体实施方式之一就是公共教育外包，并要求外包部门提供服务所需的人均费用比公立学校系统要低。如学校管理外包、课程外包、学生餐点外包以及中途辍学学生教育外包等主要形式。

（二）美国公共基础教育改革的启示

1. 在教育政策决策上，创建教育公共论坛机制

美国的公共基础教育改革结果之一，就是教育决策主体的多元化与管理的多样化。美国建立了一种创新教育的公共论坛机制，在制定和出台新的教育方案时，教育政策制定者、专家学者等研究人员、普通公民以及利益相关方（校长、教师及学生家长）就教育方案开展公开的辩论，从各自不同的角度深入讨论教育教学问题，进而作出科学的价值判断。

2. 将人才培养目标定位于培养积极公民

随着信息化和知识经济时代的到来，公共基础教育偏离了原来对公民培养的目标。"接受教育就是为了找一份好工作"成为理所当然，导致社会道德危机愈演愈烈。"精英教育"和"人力资本"成为基础教育的核心内容，青年学生以彰显个性为追求，社会责任感薄弱，漠视他人的感受，成为较为普遍现象。因此，从人才培养标准、课程设置、教育改革等方面，都要突出和强化立德树人理念，加强对学生的公民意识和社会责任的培养，将培养积极公民作为人才培养目标。

3. 在教育内容上，实施按需供给的多样化精准教育

在全球化、信息化的背景下，多元世界的教育多样化需求成为趋势，美国的多元文化课程模式是一种对公民教育需求的回应。随着我国经济和物质水平的提高，普通大众的教育需求呈现多样化的趋势。现有的传统的公共基础教育，如何改革课程内容、层次以及提供方式，从而提供精准的教育服务是值得思考的问题。

4. 在教育管理上，努力发展现代教育管理体制

从美国的公共基础教育改革经验中可以看出，学校应以学生学习需求为核心，以教师为专业人员。学校应有组织、有计划地组织家长参与学校的相关活动。因此，首先，我国的基础教育改革要摒弃一元的、由学术精英或中上层团体推动的教育改革，要充分鼓励和培训基层教师和教育行政管理人员参与教育教学创新改革，因为他们才是教育改革的贯彻者。其次，引进国际教育的认证标准（如 PISA），作为检验本国教育成果的参考是必然趋势。最后，需要建立恰当的回馈评估机制，有效监测公共基础教育改革的成效。

5. 尝试建立多元化的教育经费体制

我国的公共基础教育经费体制改革，基本实施分散投资和逐渐放权的措施。然而，在当前的经济全球化背景下，文化趋于多元，合作与竞争必然成为无法避免的趋势。如何保证在教育公平的前提下，建立多样化的教育经费体制，是需要教育决策者考虑的问题。

6. 推进基础教育办学体制创新，构建立体化的教育格局

能否对公众的教育需求作出及时、有效的回应是评估现行教育制度好坏的主要指标。美国众多学校的教育体制和管理模式不同，但这些学校都保持公立学校的属性。不同体制的学校包括：地方公立学校、特许学校、契约学校、"磁石学校"以及可选择学校。不同管理模式的学校包括：基于校本管理的学校、各种教育服务外包的学校等。因此，为了积极回应公众的多样化教育需求，美国的公共基础教育管理模式和学校类型呈现多元化、多样化的特征。近年来，公立学校与民办学校协调发展，成为我国基础教育的基本格局，但较美国而言，我国的公立学校类型较少。为此，我国教育体制创新改革应为多种类型学校格局的构建提供制度保障。

7. 教育政策实施策略要注意改革节奏与环境等因素的适应性

基础教育改革获取成功的必要条件之一是政策实施的策略。根据美国的基础教育改革的成功经验得知，基础教育改革的步调、过程与环境等因素的有机结合尤为重要，具体表现为程序性制度建设、环境改革与综合设计改革策略。

二、英国基础教育精准供给体系改革研究

英国拥有目前世界最强的基础教育供给体系，近 10 年一直在追求全纳教育（inclusive education）发展的历程上。全纳教育的本质是"基于个体差异的教育公平"，是对受教育者的教育权利、教育民主和教育公平的人本主义关注，是国际教育的理想和教育思潮。英国的全纳教育不只停留在关注残疾儿童等特殊群体学生层面，而是关照每一位学习者，使其享受优质教育。为了

落实国家教育发展战略规划，2005年，英国教育与技能部发布了"利用技术：改变学习及儿童服务"信息化策略。英国的教育与通信局主要负责全国的教育信息化相关工作，对英国教育信息化持续开展研讨、检查以及实施评估等。在顺应国际全纳教育理念的趋势下，英国以实现公平而卓越的公共教育为目的，实施了加强基本公共教育服务均等化的教育教学改革。

（一）教育信息化发展战略目标及实施

英国在教育信息化进程中，"利用技术：改变学习及儿童服务"信息化策略的颁布具有重要的战略意义。该策略明确指出，英国信息化发展的基本目标是多层面、多角度地助力英国的全纳教育推进：通过在线交流分享、在线课程以及专业人员在线支持服务等形式改善教学，帮助中小学生提高学业成绩；通过多种特殊需要支持、各种激励方式帮扶学困生；通过开放的技术体系设置，为多种用户提供优质的数字化信息资源与教育教学服务；通过整合社会资源提高个性化支持服务，以及通过在线方式提高和优化管理效率与效能。其中重点为为全体国民提供综合在线教育教学支持服务，为学习者提供个性化学习活动的协作机制，为教师提供优质的信息技术教育教学培训支持，为管理者提供信息技术领导力发展培训，建立共享的、开放的数字化基础设施体系，从而支持英国的教育信息化改革。

英国的教育信息化战略行动，在初始阶段实现了信息技术基础设施体系的建设及信息技术与教育教学、学生支持服务过程的整合。在后期，技术应用策略行动将转向两个广泛的领域：提高基础教育供给与需求之间的协同互动能力、构建技术自信体系。其中，技术自信体系所必备的四项要素分别是：技术自信的学校和供应商、学习者学习参与及授权、自信的系统领导能力和一套一流的综合技术基础设备。另外，构建技术自信体系还要求让学习者拥有符合自身需求的、高品质的可定制资源，技术基础设施的设计有效且具有可持续性。

（二）政府监督资助下，建立较大自主权的学校

英国为了改革其公立教育积存的问题，激活国家公立教育的活力，构建

了独具特色的自治学院和自由学校。

英国的自治学院，即为英国传统的中小学转型后形成的学校。虽然经费由国家政府的直接拨款，但是学校有独立运营的权利，可以自己决定教师的工资待遇和工作任务，拥有设置学期以及安排教学时长的自由。自治学院不受当地政府监管。

英国的自由学校，即是在自由学校计划的要求下，在最贫困的地区建立的学校，目的是向当地提供优质的基础教育供给。自由学校的经费直接来自国家政府，由慈善机构、志愿者团体以及学校直接利益相关者（家长、教师）独立管理运营，不受当地相关教育行政部门监督管理。招生过程不选拔，免费就读，不受当地政府监管，在课程、师资、财务和管理方面拥有自主权。英国的自由学校自成立以来，为英国提供了约 25 万个学位。自由学校计划也成为英国兴建学校最成功的举措之一。

英国政府与自治学院和自由学校签订拨款协议，其中明确规定学校的教育目标和责任，宏观约束和监管学校发展。学校在完成教育目标和责任的前提下，拥有办学的自主权。反之，政府教育大臣将通过法律手段解决未达标学校。因此，这些学院的"自由"是用"责任"换来的，学校只有完成规定目标、承担应负责任才享有有自由。

（三）提升薄弱学校办学质量，提供优质基础教育供给

《无处不在的卓越教育》（以下简称"卓越教育"）是 2016 年英国政府发布的教育白皮书，该计划的目的是在未来五年实现全英卓越教育，让无论身处哪里、家庭背景如何、个人成绩怎样的每个孩子接受卓越教育，发挥每个个体的最大潜能。为了改善基础教育的质量，英国政府采取了一系列行动计划。在"卓越教育"计划中，英国政府重点关注长期以来一直拖后腿的落后地区的教育，想方设法为这些落后地区、教育薄弱地区提供更多教育支持。"伦敦挑战"项目，是政府为了提高英国伦敦地区薄弱学校的教育水平和质量提出的。"学院类计划"，是针对问题学生或学业水平较低的学生提供的由企业、宗教或慈善组织与当地政府合作办学的一类公立学校。"文法学校计划"，则是英国政府为了满足学生及家长对文法学校教育需求，放宽对文法学校的

限制，使其教育规模得以扩大，但前提条件是文法学校要能提高每个学生的学业成就。这一政策意味着英国的这些重点学校不仅服务于经济条件好的群体，还要吸纳低收入群体的孩子接受教育。

英国的基础教育改革，基本以全纳教育为理念，关照每个孩子的学业成就，致力于提升改善每一所学校的教育质量，确保所有学习个体享有优质的受教育权利，始终保持着政府教育集权与教育分权之间的合理张力，持续推进薄弱学校教育质量的提升。

三、日本基础教育供给体系改革研究

（一）日本的教育信息化发展策略

借助教育信息化促进教育公平是日本政府实施的基本国策。30 多年的信息技术发展与教育的融合，使日本的教育信息化早已迈入世界发展的前列。日本的教育信息化建设与发展，是系统化的。首先是系统而连续的国家政策和战略把持，其次是产业、学校与政府一体化的信息化推进模式，最后是及时性、针对性强的师资信息技术培训。系统、协调的合力为日本的教育信息化发挥作用。日本教育信息化在多方建设发展的同时，高度重视和强调信息技术道德关注，对我国的教育教学改革和发展具有一定的借鉴和参考价值。

（二）日本基础教育经费是以国家支出为主的多方参与

日本的基础教育经费主要由国家负担，且一直是日本政府经济支出的重点。为了均衡基础教育供给和城乡教育平衡，日本政府对农村和城市基础教育财政支出采取一体化的体制，从而确保农村基础教育也有完善的经费支持。日本政府将教育与法律整合，采用法律的手段，对各项教育物质条件保障、经费支持程度等方面进行了详细的规定。如政府对经济落后地区困难家庭的学生的给予相应的补助费用，从法律的层面保障了儿童接受义务教育的权利。此外，日本的基础教育供给的一项重要补充来源是学生家庭的个人投资。因此，日本整个国家的教育经费来源于政府、集体和学生三大主体，日本形成了多方共同承担教育成本、共同分享教育收益的多元化教育供给体系。

（三）日本基础教育的高度集权化管理模式

日本一方面通过高度集权化的教育管理模式，确保基础教育实际的绝对公平；另一方面通过设置多样的选修课程，为学生综合素质的均等自由发展提供保障。日本在重视起点教育公平的同时，强调普及教育向质量教育的过渡发展。自 20 世纪的八九十年代开始，日本教育呈现出如下追求和趋势：教育重视学生的个性发展，强化教育的终身学习体系、国际化和信息化的构建。这个阶段的日本教育，为了满足不同学习者或群体的多元化需求，调整了学校教育结构，为学习者创建了宽松的学习环境，便于学生身心得到自由发展。日本教育的均衡化和无差别发展，是由一套完备而规范的教育法律法规体系保障的。学校的课程内容和课堂教学活动都是依据文部科学省颁发的学习指导纲要实施的。因此，高度的规范化、标准化为日本基础教育的均衡发展提供了有力保障。日本的基础教育过程中，教师对学生的指导以及评价一律平等，不会排名贴标签，教师特别关注后进生的学习发展。学生考试的成绩主要用来评价教师的工作绩效。

（四）日本基础教育均等化供给的条件

日本的基础教育供给均等化进程居于世界前列，得益于如下四个方面：首先，完备的法律体系是日本教育均衡供给的基础，日本的教育法律不断更新、精细且完备。其次，基于国情的教育行政架构是日本教育高质量供给的重点，日本实行高度的中央集权制，建立统一的标准，使得基础教育从理念到执行过程都能遵循同一标准，实现了基本公共教育服务的高位均等。再次，日本实施的精准教育供给是以学生发展为出发点和中心的。为了满足日本经济发展对人才的需求，日本教育高度重视学生个性和创新发展，实施了以学生教育自由发展为理念的一系列教育教学改革。最后，日本的精准教育供给采取全社会全员参与机制。为了应对人口老龄化的社会问题，日本推行了基本公共教育服务的改革，以减少国家政府的直接教育供给，增大公益性机构的服务供给力度。而且，日本有着深厚的家长参与教育氛围，形成了"学校－家庭－社会"三位一体的办学模式，有助于基础教育质量的提升。

四、国外基础教育改革对我国的启示

西方发达国家的教育非常注重学生的个性发展，其基础教育在实现区域均衡发展的前提下，一直在追求精准教育服务供给的进程中探索，且有了较为成熟的精准教育供给体系实践与研究。另外，西方国家经济发达，与社会经济发展相适应的教育体系模式早于我国。因此，国外在不同阶段的多种形式的基础教育改革都带有为精准教育服务的目的，其对我国的基础教育精准供给改革发展具有重要的借鉴意义。

（一）追求每个学生的个体发展是教育服务的本质

从联合国教科文组织，到英、美、日等经济发达国家，都将"人"作为一切教育工作的核心。促进每个学生个体的自由发展与成长，是其学校教育教学工作的核心任务。"人人享有受教育的权利"是《世界人权宣言》中明确指出的。鉴于此，教育应关注每一名学生独特的发展、成长特点，让每一名学生都有接受优质教育的权利。同时，优质教育在促进个体发展的同时，对于社会进步具有重大意义，可以促进国家经济振兴。

（二）构建兼顾学习者个体发展和社会发展的教育行政架构

随着社会整体经济文化的发展，政府在简政放权、坚持主导的原则下，鼓励社会积极参与，已成为发达国家政府干预教育的一种主要趋势。政府的职责由完全掌舵转换为服务。政府"通过充当公共资源的管家、公共组织的保护者、公民权利和民主对话以及社区参与的催化剂来为公民服务"。

政府转换角色，由对教育的直接干预转变为监督，给教育者在遵循教育的规律下实施教育的权利。在美国 2016 年颁布的《每一个学生成功法案》（Every Student Succeeds Act，简称 ESSA）中，国家政府将学校的办学自主权还给地方（州、学区）和学校自身。英国实施的自由学校、教育行动计划等措施，也是政府赋权给学校的案例。当然，政府简政放权是重新梳理国家与学校在办学过程中的权利职责的表现，政府从顶层设计角度，加强宏观监督力度，并通过一定监管标准，在还权于学校的同时，确保学校教学质量稳步持续提升。政府负责政策、标准的制定和基于此的监督，学校负责基于标准的教育服务供给，二者明确了边界。

（三）引入市场机制，充分调动社会力量的积极性

作为社会公众公共利益载体的基础教育，要满足社会公共需求。政府要引入市场机制，充分调动社会力量参与教育供给的积极性。一方面，政府积极吸纳社会资源，鼓励第三部门积极参与，提高基础教育的供给力量，解决政府在教育方面的乏力感；另一方面，政府要全面维护社会的公共利益——受教育权利。基础教育的经费投入规模较大，利润回收周期较长，社会机构的基础教育供给不可能取代国有公立基础教育供给，只是发挥其重要的辅助或补充作用。政府可以购买社会机构提供的基础教育，即政府委托社会机构提供基础教育，由政府指定提供多少，即政府通过购买的方式来吸引社会机构的投资。一方面，政府给予社会机构相应的税收与财政支持，从而确保基本盈利；另一方面，政府通过对企业制定的各种管理政策，对企业的行为进行约束，从而确保企业提供基础教育服务的质量。

（四）整合社会资源，聚集多方社会力量参与

整合社会资源，聚集社会力量参与基本公共教育服务。社会力量包括营利和非营利社会组织、社区机构组织、学生家长以及学习者本人。目前，多数国家在教育财政供给和教育服务供给两个方面，采取以国家政府主导，社会力量参与的融合模式。在现有社会经济发展条件下，社会多元参与基本公共教育服务日益受到重视，也是追求基本公共教育供给均等化的重要途径之一。

只有社会力量的积极参与，才能从一定程度上解决教育供给矛盾、保障公共教育服务公平供给、提高国家政府的公共教育管理的效能。学者戈登·P.惠特克（Gordon P. Whitaker）曾指出，很多以改变个人动作行为、态度兴趣为目的的公共服务政策，均需要接受教育服务的个体的积极参与、主动合作。

因此，学习者从学习新知识和技能，到养成积极健康的生活工作习惯，均需要真正参与才能根本上完成目标。

（五）理论研究是实践顺利开展的重要保障

自 20 世纪 80 年代以来，以英、美、日为代表的西方发达国家，关于基本公共教育服务的理论研究主要集中在中观、微观层面。中观层面强调学校教育改革，微观层面主要聚焦于课程设置、课堂教学、学生学习以及教师专业发展等方面。因为决定教育质量高低的最直接原因，是课程设置是否合理及课堂教学改革的成败。因此，加强二者的理论研究成为实践顺利开展的前提和保障。

关于基本公共教育服务均等化理论研究，应侧重于教育教学政策的制定与执行，并将研究结果很好地应用于教育实践，避免理论研究与教育实践的脱节，使二者保持互相促进、相辅相成的紧密关系。美、英、日等国的基本公共教育理论研究呈现出一些典型特点：首先，研究的多样化，表现为研究机构多方参与，包括高等教育机构、政府组织、社会团体以及公司，且研究主体的自主性较强，研究内容主题丰富多样；其次，研究基于具体问题、项目，采用跨学科、综合化的研究方法；最后，注重对教育教学政策的可执行性的研究。

第二节　中国"互联网＋基础教育"供给体系现状的分析

一、中国基础教育需求的特征分析

当前，随着我国大力推进基础教育均衡化发展，公众的一般教育需求基本得到满足，对优质教育资源的渴望成为新时代人民大众对基础教育新的需求。

当今社会，信息化水平不断提升，知识更新迅速，智能化程度越来越高，社会经济建设和发展需要个性化的创新型人才，而非仅有较多知识和技能储备的"硬盘性"人才。需要学习者具备良好的批判性思维、协作沟通能力，以及独立自主的学习能力。基于数字化环境成长的学习者，已经完全适应数字化的学习环境，拥有数字化学习的能力。因此，基于信息技术环境的基础教育，要构建满足新时代人才培养要求的教育供给体系。

随着社会经济发展水平的提高和人们物质文化水平的提升，我国公众对公共基础教育的要求越来越高。全国绝大多数地区的学生和家长对于高质量教育资源的需求强烈。高价购买学区房、追捧名校、出国留学热潮等一系列现象，说明公众对高质量优质教育资源的渴望。因此，公平且高质量地享有公共基础教育服务的权利，是每个学生的追求。高质量的公共教育服务是精准教育，是个性化教育，为社会每个阶层的群体、每个独立的受教育个体的潜能得到充分发挥提供保障，这也契合全纳教育的价值导向。教育公平是差异性公平和补偿性公平，从教育的角度来讲，要关照到学校的每一个个体。

新时代，我国民众追求多元化的公共基础教育。很多学生、家长选择私立教育机构，不仅追求文化课程成绩的提升，而且根据孩子的兴趣爱好和特长，通过参加校外培训，追求个体优势，突出基础上的均衡发展。这也说明民众对基础教育的多元化的需求越来越强烈。由此可见，新时代的公共基础教育需求呈现新的特点，简单的数量均等化已经无法适应公众对高质量教育均衡发展的新诉求。

二、中国基础教育供给能力分析

首先，单一的基础教育供给模式，在优质教育资源方面供给不足。在我国基础教育领域，无论是经济发达的城市地区，还是经济发展相对落后的农村贫困地区，较长时间以来，一直存在教育资源尤其是优质教育资源不足的瓶颈问题。我国基础教育的高度集中管理体制，便于政府的宏观调控和监管，也使得基础教育过于统一，缺乏灵活性和多样性。政府对基础教育"单一供给"的模式，基本上形成了绝对垄断形势。高度垄断在一定程度上将社会资本拒之教育领域门外，抑制了基础教育市场的竞争。在这种情况下，私立学校很难与公立学校竞争，导致我国基础教育办学形式单一。这种单一性导致基础课程设置、办学形式、办学层次与社会需求不相匹配，基础教育供给和学习者的学习需求处于失衡状态。政府在教育经费的投入过程中，没有形成合理公平的竞争机制，使得基础教育逐步呈现不健康发展趋势。

其次，多元化供给模式存在高能低效的制度困境。当前，在一定程度上，基础教育供给打破了政府单一的供给模式，实施多元化的供给模式。为了解决优质教育资源短缺与学生多样化教育需求的矛盾，我国基础教育逐步在构建以政府为主体、社会多方参与办学的多元供给体系。但是，容易出现政府各部门之间协调与合作的困难，易造成高效低能的制度困境。基础教育的多元供给模式，在供给目的、供给内容和供给方式上满足了学生的多样化需求。然而，多样性也会造成基础教育供给的碎片化，破坏了基础教育公共服务的整体性和有序性。就教育质量检测来说，存在检测标准和检测机构的多元化。学校需要"迎接"不同评价主体的质量检测，从而增加了学校教师的教学负担。这种多元化的教育服务供给模式，在管理体制上的碎片化，导致人、物、财和精力等教育资源的浪费，也加重了学校基层工作的负担。

三、中国基础教育信息化现状分析

（一）中国公共基础教育信息化现状分析

随着《教育信息化 2.0 行动计划》的推进，我国基础教育信息化得到深化和发展，基础设施建设初见成效。据不完全统计，截至 2016 年年底，我国中小学互联网接入率为 79.37%，2020 年年底上升到 100%；99.92% 的学校带宽出口达到百兆及以上；拥有多媒体教室的中小学比例达到 98.35%。我国中小学的信息化教学基础条件在进一步完善。在国家的基础教育学校联网攻坚行动计划的实施中，全面普及了中小学数字化校园建设，加大力度推进贫困偏远地区学校的互联网宽带接入和降费提速，不断提高教育资源的开放共享力度，进一步完善了国家数字化教育资源公共服务体系。已经投入使用的各级各类线上平台共 212 个，对其访问的总数合计 3.6 亿人次。

与我国经济发展不平衡所对应的是我国基础教育信息化发展的不平衡。例如，经济发达地区的上海，已经开始致力于智慧型教育服务体系的创建，智能录播、多屏互动、无线技术等在课堂教学中被广泛应用。融合教学资源、学习支持服务、教学过程跟踪记录与质量评估于一体的自适应学习平台，其访问对象约有 30 000 名学生和近 2 000 位教师。该平台的学生过程性学习及成果，是上海市高校自主招生的重要参考。目前，上海市普通高中学生的德智体美的综合发展状况都被专门的信息管理平台采集录入。上海现行的全部教材已经实现数字化，为促进教学模式创新提供了物质基础。另外，上海市 2015 年启动了基础教育教师信息技术应用能力培训和提升工程，通过创建开放共享的个性化教师自主学习空间，构建了"学用融合"教师信息素养发展路径。截至 2017 年年底，14 万名中小学（幼儿园）教师完成培训。同时，区域和学校层面也为教师专业发展搭建了信息化平台。

2022 年，教育部构建了国家中小学智慧教育平台，该平台是国家中小学网络云平台的升级版。这一举措的目的是响应国家教育数字化战略规划，加快信息技术与课程教育教学深度融合，更好地服务于"双减"政策的落实，从技术手段及数字化教学资源角度，促进基础教育均衡和高质量发展。国家中小学智慧教育平台由六大板块构成：课程教学资源、课后支持服务、教师专业发展、教改实践研究、家庭教育、专题教育。这些板块的具体资源处于多方参与、持续建设、不断丰富更新的状态。另外，该平台还有 60 多个外部专业网站链接，便于教育教学资源共享。

国家中小学智慧教育平台为基础教育教学改革提供了强有力的物质技术支撑，如支持学生个性化自主学习和教师教学改革，通过共享优质教育资源促进教育均衡发展，服务于家、校、社会协同育人，为教育教学出现的应急事件提供保障机制。

我国在基础教育的信息化方面虽然取得较为显著的成绩，但相比较经济发达国家，无论从硬件还是软件来看，仍然存在相当大差距。目前仍然存在教育管理人员和教师的教育信息化应用意识淡薄、情绪偏低，教育观念相对落后迂腐，对教育信息化的内涵理解肤浅；教育信息化主要停留在硬件建设、教育行政管理和辅助上，没有真正融入课程教学改革，较难促进教育教学质量的真正提升等问题。

（二）信息技术促进基础教育体系发生结构性改革

基于"互联网＋"的基础教育是构建在信息化环境下的新教育，为了满足学生家长对基础教育高质量、公平且多样化的需求，满足新时代对人才培养的新要求，基础教育的供给体系必将发生结构性变革。基于信息技术的基础教育供给侧变革，不仅是以浅层的技术作为辅助教和学的工具，促进教学环境、教学内容和教学手段的变革，而且是教育模式、教育理念以及教育文化的重构，是对教育核心要素和整体供给体系的改革。

首先，信息技术的发展优化了教育教学内容的呈现和传递方式，为教学方法的多样化提供了支持。具有富媒体、强交互、小粒度特征的智能化、数字教材将得到广泛应用。课程将更加重视对学生自主学习能力、协作学习能力以及创新思维的培养。同时，学生的学科视野、基于融合学科的问题解决能力将得到重点关注。基于智慧教育环境，教师将从重复低端的教学辅导工作中解放出来，将更多精力用于大规模个性化教学的实施，从而提升教学品质，实现精准教学。

其次，信息技术大发展，尤其是大数据的教育应用，改变了基础教育评价方式。微观上，教学评价更加立体、更加有针对性。面向学习个体，以及个体的整个学习过程，以人工智能技术和教育大数据为支撑的智能诊断分析以及个性化精准评价将被广泛应用，从而，可以实施有效的学习干预活动。宏观上，教育督导的评估监督也将因为大数据的应用而变得更加科学、即时、精细化。

再次，信息技术的广泛应用将使教育行政管理方式更加优化。学校未来的内部组织体系、管理方式以及主要业务流程将整体优化。智慧校园的建设为实现以人为本的学生支持服务奠定技术基础，为中小学校的高效管理、优化治理提供支撑。进一步推动中小学教育教学管理的智能化、可视化和精细化。

最后，信息技术的教育应用，重构了教育基本生态。系统化的教育教学改革悄然于教育系统内部发生，重构了教育课程体系，更新了教育情境，变革了教育教学模式，升级了教育评价方式，重塑了教师与学生的关系，使得教育体系发生根本性变化。

（三）信息化2.0时代基础教育的发展重点

随着我国数字教育战略的推进，信息技术多维深度应用于基础教育领域，成为实现教育现代化的有力支撑，也成为我国公共基础教育事业改革发展的战略重点。

第一，进一步优化教育教学资源的开发利用和共享。电子教材、数字案例库、虚拟仿真系统、作业管理系统、在线测评系统等新的资源形式不断涌现，并逐渐向规范化、个性化和共享性等方向发展。从学校课程数字化教学资源到公共教育的网络资源，如数字博物馆、数字图书馆等，都纳入共建共享平台之上。教育资源供给与服务模式不断创新。第二，进一步提升全体教育领域相关人员的信息素养。首先对校长及相关管理者的信息化领导力提出全新的挑战，教育决策科学化、公共服务系统化和学校管理规范化将成为必然趋势。其次，加强教师的信息技术素养的提升，主要体现在以下三个方面：技术思维的塑造；课程教学和班级管理的信息化能力培养；借助信息技术解决教育教学问题，实现教育教学创新创造能力的提升。第三，深度融合信息技术与基础教育教学。随着教育信息化2.0的推进，信息技术深度融入课程，包括课程目的、内容、方法以及手段等，教育大数据的教育评价、人工智能的自适应教学将大力普及。

总之，教育信息化2.0的推进，需要树立全新的教育发展理念，探索全新的教育发展模式。信息技术将真正从支持教育改革发展的外生动力转化为激发教育生态重构的内生动力。

四、影响基础教育精准供给的因素

20世纪60年代，奥格登·林斯利（Ogden Lindsley）基于斯金纳的行为学习理论提出了精准教学方法，并通过设计测量过程，跟踪学生的学习行为表现。后来这一测量过程发展为用于评估任意给定的教学方法有效性的框架。目前研究较多的是基于信息技术手段如何开展精准教学，从而找到影响精准教学的因素，这也是实现精准教学的关键。殷玉新从国家相关政策、学校软环境以及教师因素等方面出发，研究了影响教育公平的因素及机制。本书将从国家相关政策、学校制度文化环境、基础教育资源条件、教学技术、教师个人因素几个方面对精准教学的影响因素和机制进行研究。

（一）国家相关政策

基础教育精准供给表面是一个教育教学问题，但实际上受国家政策因素的影响。在我国，政府是基础教育供给的主体，教育精准供给需要权衡教育教学时间以及课程的分配。因此，国家和当地政府在保证学生的精准供给上扮演着最重要的角色。

美国经济学教授墨菲认为，政府的政策对于教育机会公平具有重要影响。学习机会公平是精准教育供给的基础和前提，也是影响精准教育的重要因素。主要体现在如下几个方面：第一，所有学生都有机会参与主要（核心）课程的前提是教育物质资源富足；第二，基于课程的项目要与核心课程相关联；第三，必须减少不恰当、不科学的资源分配。基于此可知，国家政策从两方面对教育供给产生影响，首先是为学生的学习活动发生提供物质基础，如提供学习资源和创设学习环境；其次是简政放权，赋予当地政府和学校以权利，以决定和解决其教育教学中存在的问题。

美国议员约翰·麦克唐奈（John Macdonell）对学习机会公平的研究表明，国家的政策制度会影响精准教育供给。1994 年美国颁布的《2000 年目标：美国教育法》对理解和促进学习机会公平奠定了基础。精准教育的保障是公平教育机会的获得，公平教育机会的获得需要国家从政策层面予以保障。国家评估各级各类教育体系的教育资源情况、教育软硬件条件和教育实践情况的标准就是是否为学生提供公平的、充足的学习机会，进而实现精准教育供给，进一步确保国家课程标准制定的教育目标的达成。

亚当斯（J. S. Adams）以美国肯塔基州的财政政策为例，研究其对学生学习机会公平性的影响。研究发现，肯塔基州的《肯塔基教育改革法令》（1990）的颁布和实施，使该州的生均经费差异有缩小趋势，且明显提高了学生学习机会的公平性。学者安德森和哈里斯在探讨美国数学改革和政策对学习机会公平的影响时发现，在学校体系内教师的分配和实践机会的公平都受国家政策的制约，这也是导致学习机会不公平的间接原因。由此可见，国家政策和教育改革可以通过影响教师质量和分配，来影响教育的精准供给。

美国 2016 年颁布的《每一个学生成功法案》与本书提到的精准教育供给理念是一致的，是为每个孩子提供适合的教育机会，让每个孩子在这一基础上，获得学业上的成功，从而促进其成长发展。ESSA 旨在从法律的角度，促进学生成长发展，提供适合个体发展的受教育权利，解决学生学习的障碍，确保每个孩子获取学习机会。ESSA 通过明晰各教育主体的责任和权利，为学生学习提供所需的支持服务；为学生创设有效的学习支持性环境；支持学生的多样化学习需求；通过提供适当量的课程学习和课程实践，对学困生个体和群体提供适度教育补偿；促进校长、教师和其他学校管理人员的专业发展；整合社区和社会有效资源参与学校建设。

（二）学校制度文化环境

根据对墨菲的学习机会公平性的影响因素分析可知，学校的制度文化环境是影响学习机会公平的重要因素。由此可知，学校的制度文化环境也是影响学校精准教育供给的直接因素。基础教育学校的校长，作为学校的领导，直接决定学校的办学理念和管理模式，是影响精准教育供给的非常重要的因素。学校学生培养目标、教师等人员组织架构以及教育教学实践，能否遵守精准教学的理念和办学原则，很大程度上取决于校长所倾向构建的学校制度文化。首先，学校校长制定的办学目的应遵循精准教育的原则。学生的学业成绩不再是统一的制定标准。学生个体在其原有基础上，在某些方面获得突出发展，在其他方面取得基本发展，成为学生的培养目的，亦是精准教学的原则。其次，为了促进精准教学的实施，校长需要从宏观角度进行顶层设计，统管学校的组织架构和日常教学，这样便于学校构建起有利于学生精准学习的条件。最后，学校管理层应从制度文化方面，规定教师的教学和班级管理行为应与学校确定的精准教学理念任务一致。另外，学校的制度文化潜移默化地对教师教学行为发生影响，使教师了解精准教学的正确内涵，使教师的教学模式和课程项目都可以促进精准教学。

根据泰特关于美国学生数学学习机会公平问题的研究可以推断，学生获取精准教学服务的关键因素也包括学校的行政人员：一方面，他们作为教学实践的决策者，直接对教学目的确定和教学支持服务负责；另一方面，学校行政人员是精准教学项目和具体问题解决的具体执行者和监督者。因此，学校校长和行政管理人员在一定程度上决定着学校制度文化环境的创建和基本情况。

（三）基础教育资源条件

顾明远先生编辑的《教育大辞典》将教育资源解释为"教育经济条件"。教育资源，即教育过程中消耗的人力资源、物力资源和财力资源的总和。人力资源指教育实施者和受教育者，物力资源是指学校固定资产、物质资料以及低值易耗品等，财力资源指教育教学需要的各种经费。教育资源是教育事业得以生存和发展的土壤。

基础教育资源供给的不均衡以及优质教育资源的相对短缺，成为影响基础教育精准供给的关键因素。在教育信息化背景下，虽然信息技术的基础设施以及数字化教学资源得到长足发展，但是优质师资的短缺，导致信息化设施无法与课程深度融合，出现"有路无车"的窘况，借助信息技术的精准教育供给难以实现。

班级规模（班额）作为一个重要指标，反映在校学生的学习环境，以及教师的工作环境和工作负荷。班级规模作为一个重要因素，影响到教师对学生的"教育关照度"，以及课堂教学管理、教学效果。根据 2021 年中国教育统计年鉴数据分析，城区、镇区和乡村的小学和初中的班容量均较大。尤其在初中学校，班额为 46 ～ 55 人所占比例最高，详细数据见图 2-1、2-2 所示：

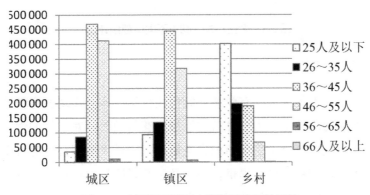

图 2-1　全国不同地区小学不同班额统计图

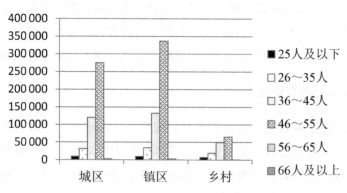

图 2-2　全国不同地区初中不同班额统计图

　　全国整体而言，小学和初中的班额分别以 36 ～ 45 人和 46 ～ 55 人两种类型占比最大，具体如图 2-3 所示。2021 年，我国小学、初中和普通高中的生师比分别为 16.33∶1、2.64∶1、12.84∶1。较大的班级容量和较高的生师比，反应的是基础教育教师等人力资源的短缺，这成为教师精准教学最大的挑战。

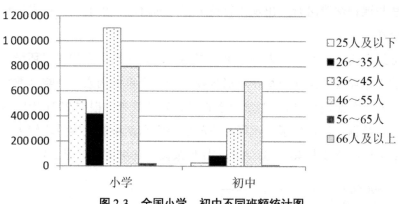

图 2-3　全国小学、初中不同班额统计图

（四）教学技术

　　随着科学技术的进步，有学者开始关注科学技术对实现教育精准供给的作用。他们认为，技术作为一种新的途径能够帮助教师对学生的学习进程进行持续跟踪，获取每个学生学习的完整轨迹，通过大数据技术对每个学生进行个性化评价，为精准供给提供依据。基于互联网技术的教育和课程改革是国家可以通过颁布相关政策和措施推动的，而且在此过程中，国家起着非常重要的作用。目前，很多教育研究者坚信，科学技术可以帮助我们实现教育精准供给的目标。

（五）教师个人因素

教师是教育教学的实施者，必然成为影响精准教育供给服务的重要因素之一。第一，教师与学生之间有非常紧密的关系，优秀教师能够有效地应用教学策略实施因材施教，合理的规划课程进度、组织学生开展的互动，从而有效提升教学效率和教学质量；第二，教师的坚定信念和对学生恰当的期望有助于学生获得学业成功；第三，教师能够进行教学研究，分析影响精准教学的因素，并且将其改善；第四，关键学习资源的分配方式由教师决定，优秀的教师能够根据学生需求进行合理、科学的资源分配，有助于个性化教学；第五，教师是丰富学习环境的创建者，可以为学生设计有针对性的、特殊的学习项目，吸引学生参与到课程的设计之中。因此，教师专业发展是提高教学精准供给的有效手段。

总之，教育教学精准供给的影响因素是多元的，且影响和干预的方式和对象不同。精准教学的教学资源供给和学习环境创建主要受国家政策和学校制度文化因素影响，精准教学的微观教学过程和教学互动主要受学校教师因素的影响。此外，教师还通过影响学生学习的积极性和主动性等动机、态度方面，间接影响学校的精准教学供给服务。

参考文献

[1] 胡永斌，龙陶陶.美国基础教育信息化的现状和启示 [J]. 中国电化教育 2017（3）：36-43.

[2] 尹后庆.政府公共教育服务职能须在校长办学过程中实现 [J]. 教育发展研究，2009（22）：1-3.

[3] 约翰·罗尔斯. 正义论 [M]. 何怀宏，译. 北京：中国社会科学出版社，1988.

[4] 蒲蕊.论教育治理中的社会参与[J].中园教育学刊，2015（7）：26-31.

[5] Whitaker G P. Coproduction：Citizen participation in service delivery [J]. Public Administration Review，1980，40（3）：240-246.

[6] 曾天山，金宝城.我国教育政策研究的回顾与展望[J].教育与管理，2001（7）：11-16.

[7] 张贤明，田玉麒.整合碎片化：公共服务的协同供给之道[J].社会科学战线，2015（9）：176-181.

[8] 徐冰冰，张治.面向学习发展的上海市基础教育信息化：现状、趋势与问题[J].教育与教学，2018（12）：17-19.

[9] 国家互联网信息办公室.数字中国发展报告（2020年）[EB/OL].（2021-07-03）[2023-02-15].http://www.gov.cn/xinwen/2021-07/03/content_5622668.htm.

[10] 祝智庭，彭红超.信息技术支持的高效知识教学：激发精准教学的活力[J].中国电化教育，2016（1）：18-25.

[11] 陈桂生.回望教育基础理论：教育的再认识[M].北京：北京师范大学出版社，2009.

[12] 彼得・辛格.实践伦理学[M].刘莘，译.北京：东方出版社，2005.

[13] 陈桂生.普通教育学纲要[M].上海：华东师范大学出版社，2012.

[14] 陈琦，刘儒德.教育心理学[M].2版.北京：高等教育出版社，2011.

[15] 中国教育网络.中国教育信息化发展报告（2013）[EB/OL].（2014-04-10）[2023-02-15].https://www.edu.cn/xxh/fei/sj/201410/t20141010_1187876.shtml.

[16] 段素菊.20世纪以来的美国公共基础教育改革研究[M].北京：北京出版社，2009.

[17] 马元丽.利用技术促进新一代学习：英国基础教育信息化策略的新发展[J].中国远程教育，2009（23）：70-74.

[18] 杜晓敏.全纳教育视野下的基本公共教育服务均等化研究[D].上海：华东师范大学，2016.

[19] 荣喜朝.日本基础教育信息化推进策略及启示[J].教学与管理，2017（8）：80-82.

[20] 余远方 . 教育多元供给问题研究 [D]. 北京：首都经济贸易大学，2011.

[21] 袁振国 . 中国教育政策评论 2001[M]. 北京：教育科学出版社，2001.

[22] 蒲蕊 . 公共教育服务体制创新 [J]. 教育研究，2011（7）：54-59.

[23] 韩艺嘉 . 我国基础教育信息化发展取得显著成就 [EB/OL]. （2018-05-07）[2023-02-15]. http://www.cfen.com.cn/zyxw/yw/201805/t20180507_2886515.html.

[24] 杨宗凯 . 基础教育信息化 2.0 ：科技促进教育创新发展的中国路径 [J]. 中小学数字化教学，2018（4）：23-25.

[25] 段素菊 .20 世纪 80 年代以来的美国公共基础教育改革研究：国家、市场与公民社会的视角 [D]. 北京：北京师范大学，2004.

[26] Binder C. Precision teaching ：Measuring and at-taining exemplary academic achievement[J].Youth Policy ，1988，10（7）：12-15.

[27] 中华人民共和国教育部发展规划司 . 中国教育统计年鉴 [M]. 北京：中国统计出版社，2017.

第三章 构建"互联网＋基础教育"精准供给模式的理论基础和实践现状

理论之于实践及解决问题的作用而言，有两个方面：一方面，理论能够为人们的思考提供较为明确、清晰的路径，同时搭建"如何做？怎么做？"的参考框架，并且呈现达到目的的不同方式；另一方面，理论从整体框架的角度，为人们分析问题、质疑和实践提供依据。

第一节 构建"互联网＋基础教育"精准供给模式的理论基础

精准教育：与因材施教的教育理念是一脉相承的。为了培养具有创新性的人才，并因集体式班级授课制存在弊端而提出。其中，学生核心素养的发展是精准教育的目的。"互联网＋"的理念和手段的发展，是精准教育从理念到现实的桥梁。"互联网＋基础教育"精准教育供给模式理论的发展与实践是构建精准教育供给的尝试，与因材施教相比，它是从供给侧一方提出的教育教学改革尝试。因此，本章将从如下几个方面论述"互联网＋基础教育"精准教育供给模式的理论基础。

一、学生核心素养理论

（一）核心素养理论提出背景

当今世界，各国政府对教育领域学生核心素养的培养发展都非常重视。中学生核心素养是学生在其接受教育教学过程中，逐渐养成的适应学生个体终身发展以及社会经济社会发展所需要的关键能力和必备品格。因此，学生核心素养的培养发展，已经成为很多国家政府或一些地区制定、颁布教育政策，开展教育教学实践改革的目的和出发点。目前，学科课程和核心素养培养主要有三种关系模式：核心素养培养独立于学科课程之外并与之融合的美国模式；体现于课程中的核心素养培养的日本模式；基于核心素养培养的学科课程设置的芬兰模式。2002 年，美国将核心素养整体框架渗透于学科课程体系中，构建了 21 世纪美国中学生核心技能框架体系；2010 年，关于中学生的"21 世纪素养"框架由新加坡国家教育部颁布；2016 年，芬兰以培养学生的七大核心素养为目标，提出全新一轮的全国教育教学改革。

（二）核心素养主要内容

我国的《中国学生发展核心素养》于 2016 年发布，其核心内容是培养全面发展的人。该报告从文化基础、自主发展和社会参与三个方面阐述中国学生的核心素养，又从人文底蕴、科学精神、学会学习、健康生活、责任担当、实践创新六个方面进行了具体阐释，具体如图 3-1 所示。《教育信息化 2.0 行动计划》和《中国教育现代化 2035》文件中强调，教育要以"立德树人"为核心，并对中国学生发展的核心素养提出新的更高的诉求。

《中国学生发展核心素养》契合了"教人成人"的传统文化的特色育人观，充分体现了全人教育的理念，与《国家中长期教育改革和发展规划纲要（2010—2020 年）》的教育理念和价值一致。第一，中学生核心素养是所有学生应具有的、关键的、必要的素养，且是每个学生个体应达成的最低共同要求，也是其必须通过学习获得的必要素养。第二，核心素养是既包括知识、技能，又包括态度、情感和价值观的综合表现。第三，学生核心素养的培养

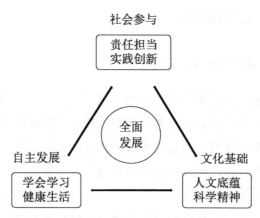

图 3-1　中国学生发展核心素养体系总框架

兼具个人和社会价值，对学生个体而言，核心素养养成使其获得学业或就业成功，适应社会发展变化，具有可持续发展能力；就社会而言，学生核心素养的培养为促进社会的良性循环奠定基础。第四，中学生核心素养主要是在有计划、有目的的教育教学过程中学习获得的，且学习过程更多是在教师引导和环境影响下，自我发展、超越和升华的过程，是在不断地体验、摸索和积累的过程中，逐渐形成个体认知结构的过程。第五，对核心素养的评价须定性与定量测评并重，既考量核心素养获得的外显部分，又不能忽略感知和体悟等内隐部分。前者可以采用定量的测评方式，后者需要采用定性的表现性评价。第六，核心素养的某些方面的培养具有关键期抑或阶段性，即在某些关键的教育时期，可能相对容易获得较好的培养效果，这也为教育促进核心素养培养提供了可能。

二、"互联网＋教育"的理念

"互联网＋"理念最早由易观国际的于扬于 2012 年在易观第五届移动互联网博览会上提出。2015 年，李克强总理在政府工作报告中首次提出"互联网＋"行动计划。"互联网＋"呈现六大特征，即跨界融合、创新驱动、重塑结构、尊重人性、开放生态和连接一切。互联网思维与技术在教育领域的渗透、融合的实践过程即为"互联网＋教育"。互联网与教育融合，不仅使教育技术手段发生变化,为教育实践的创新改革提供网络平台等技术支撑;而且撬动了教育教学模式的变革,将对学生学习方式、教师教学和组织模式发生影响,进而对教育理念和教育体制产生更深层次的影响。

"互联网+教育"呈现如下特征:第一,融合的教育资源和多元化的教育组织形态。基于"互联网+"的技术和思维,可以对传统学校教育资源进行重新配置和整合;基于"互联网+"的跨界融合思维,产生了灵活多样的社会教育机构、组织,对传统学校教育产生明显冲击,多元化的教育组织形态成为趋势。美国诸多 MOOC(慕课)平台,如 Udacity、Coursera、edX 等,提供在线课程甚至课程学习的专业证书,挑战了传统大学在社会的绝对优势甚至垄断地位。第二,共享的教育资源和开放的教育环境。传统教育模式下的教育环境封闭于校园实体空间内,教育资源局限于校园内的教室、实验室以及图书馆等区域,仅供校内师生等固定人员使用。"互联网+教育"借助互联网的技术特长与优势,全民参与资源的创建,实现了教育资源的迅速和极大丰富,并且便于实现学校之间的共享。合理恰当的资源应用模式,通过优质教育资源的互联网共享,弥补了优质教育资源短缺的问题。各大 MOOC 平台,就是"互联网+教育"的实践成果。第三,"互联网+教育"真正实现了以学生为中心的自主学习。"互联网+"是以客户为中心的思维模式,因此"互联网+教育"是以学生为中心的教育理念和模式。中国工程院李京文院士指出,互联网被引入教育之前,教育以"书本""教材"抑或"辅导案例方式"为主,"互联网+教育"使中国教育真正迈向 4.0 时代,是真正"以学生为中心"的教育。互联网的共享教育资源和开放学习环境,使学生自主学习、分享学习体验、自主评价成为可能。第四,教学交互以促进学生思维发展为目的。"互联网+"时代的教育是以去权威中心为特征的,基于媒体技术的交互可以实现师生真正意义上的对话,在师生交互中启发学生思维的发展,实现对学生创新能力的培养。

三、精准教育基本理论

班级授课起源于 16 世纪的欧洲,一定程度上使单个教师的受众群体得以扩大，实现了系统普遍知识的教学传授。在强调创新的今天，更要重新审视学校教育中教师与学生个体之间的关系，探索更加适合当下人才培养要求、个体发展的教育模式。精准教育基于个体差异，发现个体差别，根据每个个体特点和发展需求，提供个性化的、有针对性的教育和培养，并通过精准教育内容以及个性化教学过程供给，使学生个体得到个性化发展。这种教育需要借助大数据分析技术，对学生在学习过程中表现出的不同特点进行分类，发现学生个体的优势和劣势，并且采取相应措施，使学生的强项进一步发展，弱项得到弥补，以提高获得学生知识的效率，实现个体最大限度的发展。

在智慧互联网的技术支撑背景下，数据获取、存储和处理的成本低且效率高，使以教育教与学跟踪分析为前提的精准教育成为可能。"互联网＋"思维，有利于整合社会资源，实现基础教育教学的多元供给，而一定程度的资源和服务供给的丰富使精准教育成为可能。

课程资源设计开发更加精细化，由社会专业人士设计开发教育教学资源，并提供相应的教学资源和教育教学服务。第一，课程体系改革，精细分解课程内容，分解出难度适中、相对独立的学习知识单元，便于灵活组织。第二，学习评价精细、多元化。为了体现对每个学生个体特长的评价，构建了更加多元化的评价维度和体系。第三，人才培养质量的跟踪和分析。根据对学生行为数据的记录分析，在学生的培养过程中可以实行及时的干预，实现真正的精准教育。

"互联网＋"精准教育依赖人工智能的技术支持，而人工智能教育作用的发挥依赖强大的数据支持，因此教育大数据的挖掘尤显重要。教育大数据的应用与教学活动过程中的数据的结构化程度有密切关系。教育大数据的应用主要包括教育数据采集和巨量信息的数据化两个方面。首先，需要实现教育数字化，包括教育教学环境数字化，教师教学行为、学生学习行为均实现数字化。其次，将海量数字化教育信息数据化处理。非结构化的数据很难被计算机处理，因此，需要将人工智能应用于教育领域，进行教育数据分析，分析教育教学活动行为，提升教育教学精准性。教育教学活动结构化成为"互联网＋"精准教育的重要前提。

四、基础教育供给侧结构性改革相关理论

供给侧结构性改革这一提法最早出现在经济领域，是类属于经济学范畴的术语。供给侧结构性改革是为了提高供给质量，更好地满足广大民众的需要，促进我国经济社会健康持续发展。通过改革可推进结构调整，对要素配置存在的扭曲进行矫正，扩大和增加有效供给，提高供给结构对需求变化的灵活性和适应性。教育供给侧结构性改革的前提是按照中央深化教育领域改革的总体部署，明确政府在教育中的职能定位。关键是使教育治理体系法制化得以完善，全面提升各级政府的教育治理水平。基础教育的供给侧结构性改革核心是优化教育资源和服务配置，增加和扩大优质教育资源供给，给人民群众提供优质多样的教育选择。供给侧结构性改革旨在根据受教育者不同需求，提供形态丰富的教育，通过体制机制改革，借助互联网技术丰富教育教学形态，实施差异化教育资源和服务的开放性供给。同时进行教育投入机制改革，构建多元化、立体化的教育经费供给体系。

当前，民众对教育的需求出现不平衡趋势：一方面是对高端、高品质教育需求的增多，既要求具有中华优秀传统文化底蕴和中国精神，又要求具有国际视野、国际适应性以及国际化思维的培养；另一方面是城市中务工者子女的教育供给不足，特殊群体对教育的服务存在个性化需求，如乡村留守儿童、特殊儿童等。基础教育的供给侧存在两方面问题：一是高品质教育资源和服务严重不足；二是师资资源结构性缺失，尤其是农村教师的学科结构配置问题较为严重。教师是促进发展的关键资源，不从根本上解决师资资源问题，很难提供有效的基础教育供给。

基于教育需求的实际和特点，基础教育的供给侧结构性改革存在两个落脚点，一是高端、高效、创新的教育服务供给提供，使其符合学生的学习习惯，满足和贴近学生的学生需求。教育应既能促进个体发展需求，又能满足未来社会建设发展对人才的需求。二是调整教育供给结构，丰富教育供给形态，如丰富多样的教育资源，立体化、数字化的教育环境，多元教育服务供给模式，改革原有单一的教育服务供给模式、单一的培养方式、统一的课程资源以及单一的评价考核方式。

当前，要实施教育供给侧改革，首先应推进教育行政部门改革，强化其管理、监督和评价功能，减少对办学机构的单纯行政干预，给教育机构更多的自主权。其次，大力培养师资力量，使其对供给侧改革作出有效回应，让教师有能力、有机会、有权利、有舞台探索应对不同教育对象的教育需求。再次，建立高质量的教育资源网络共享平台，实现优质资源共享、协同创新的"研究共同体"。最后，还可以从以下几个方面助力教育供给侧改革：一是鼓励新时代学校突出办学特色，促进全社会学校教育的多样化发展；二是整合社会资源，发挥市场机制，推进民办教育，给学生提供更多选择机会；三是创新办学模式，如公办教育的外包，政府统一宏观协调、购买服务，充分挖掘、整合、应用社会的民间的力量和智慧，给学生更多选择的机会。

五、基础教育融合供给范式

《国务院关于积极推进"互联网＋"行动的指导意见》指出，要探索和创新基础教育服务供给模式。有效利用市场机制，鼓励互联网公司和社会机构开发高品质数字化教育资源，开展网络化教育供给服务。鼓励传统学校基于数字化教育资源及平台，探究在线教育、混合教育等新模式，扩大优质教育和师资的受众群体，促进教育公平发展。鼓励传统学校与互联网公司合作，整合学校师资资源和线上数字化教育资源，创新基础教育公共服务的新模式。

基于学生核心素养养成的师资融合。基于"互联网＋"的思路，基础教育系统要与其环境协同合作，整合家长、社区以及社会优质教育"师资"资源，培养创新人才。通过多种教育教学活动，潜移默化地培养学生的创新能力，如社团活动、研学活动、综合实践活动等课程形式；聘任社会相关领域的专家，如成功企业家、政府公务人员、自主创业人员等承担一定教学任务，借此充实教师队伍，打造矩阵式师资队伍，推进基础教育师资结构动态、开放、持续发展。

基于数字化课程资源建设的资源融合。随着家庭经济水平和可支配收入的提高，人民群众对个性化和人性化的教育需求不断增加。因此，优化课程设置和创新教育模式是教育改革所需。随着"互联网+"行动的实施，基础教育课程资源和教学服务创新成为可能，整合社会专业的课程团队共建共享成为发展趋势。课程资源建设不再是一个学校的自身事务，而是整个区域教育体系的大事，可由高校与基础教育、社会机构共同建设，打造一批多元化、实用化、网络化的课程资源系统。

基于大数据应用的技术融合。以云计算技术、物联网技术为核心技术的大数据时代，网络学习平台每时每刻准确地记录着师生的教与学的全方位信息。以此大数据为依据，结合相关的评价模型，全方位地了解每个学生个体，从而可以更好地提供个性化教育教学服务。为学习者智能化推荐课程学习内容，根据学生的数据分析，提供符合学生特点的教学内容是基础教育未来的发展趋势；另外，还可以借助教育大数据精细化教育教学方法，提升学生学习体验。

第二节 基础教育精准供给实践现状

教育是人类有意识地传递经验和培养人的活动，教育的主要功能是促进人的发展和社会的进步。基础教育的精准供给就是实现人的发展，进而促进社会进步。教育资源的有效供给是顺利开展精准教育的前提和基础。在明确教育资源提供主体的基础上，教育资源有效供给应从充足性、公平性和效率性三个维度考量。本节基于此，主要分析我国基础教育资源供给存在的问题。我国仍然面临教育资源供给不足、供给主体整体单一以及配置不均衡不合理等问题。因此，我国基础教育供给亟待解决的问题就是实现教育资源等的有效供给。

一、基础教育供给现状分析

（一）基础教育供给总量不足

我国目前的教育供给总量不足。与俄罗斯、日本、韩国以及美国相比，我国学生的人均教育经费支出占人均国内生产总值的比例最低。2002 年，欧美日韩等国家此比例已经达到 20% 以上，而我国这一比例只达到 13.2%，远远低于经济发达国家。2010 年以前，我国教育经费支出占 GDP 的比例从未达到过 4%（2012 年才达到 4%），而在 2010 年，同为金砖五国的俄罗斯已经达到了 4.8%，南非达到了 6%，巴西达到了 5.8%，韩国达到了 5.4%，欧美发达国家平均达到了 6.2%。

与北美和西欧发达国家相比较，我国在教育人力资源供给方面也严重不足。截至 2012 年，初等教育生师比，我国最低是 17，北美和西欧国家是 14；初中教育生师比我国最低是 14，北美和西欧国家是 12；高中教育生师比我国最低是 15，北美和西欧国家是 13。由此可见，我国基础教育切实需要加大对教师的供给。基础教育的精准供给是在充足教育资源供给的基础上，均衡教育资源匹配，进而实现个性化基础教育。

（二）基础教育供给主体单一

我国目前呈现出教育需求个性化和多样化态势，期望教育供给主体多元化。虽然教育进行了一定供给侧结构性改革，但是在我国基础教育领域中，教育投资主体、教育供给主体，仍然保持政府的集中"垄断式管理模式"。因此，我国基础教育的政府主导的供给模式没有彻底改变。

首先，从我国基础教育投资主体来看，依然是政府占主导地位，我国政府财政经费投入教育系统的规模很大。国家教育方针政策中，有明确的"硬性规定"，确保国家财政用于教育的支出，且有"法定要求"其教育支出要持续增长。在 2010 年发布的《国家中长期教育改革和发展规划纲要（2010—2020）年》、1995 年颁布实施的《教育法》以及 20 世纪 90 年代发布的《中国教育改革和发展纲要》中，都明确规定了财政教育经费的拨款标准，一定程度上，从法律的角度确保财政性教育经费的增长。

其次，从我国基础教育经费主要来源的结构来看，仍然是以政府主导为主。2007 年的统计数据显示，中学和小学的国家财政性教育经费支出分别为66.43% 和 85.39%。在义务教育方面，教育经费的主要来源仍然是国家财政性教育经费支出，其他的教育经费来源所占比例很小，主要包括民办学校的社会投入、社会企业捐赠以及事业单位财政收入。另外，还有学生个人支付的学杂费，其占经费投入总额的比例更少。由此可见，政府才是基础教育经费供给的主体。

再次，从基础教育的办学主体来看，公办教育机构仍占绝对的"主导地位"。在我国小学和普通高中层次的学校中，公办学校仍然是办学主体，民办学校只占总办学规模的 3.5%。在各层次的基础教育领域，普通小学的民办教育机构占比最低，高中层次相对较高，但相较于公办学校，民办教育机构所占比例较低。基于此，在广大民众的意识中，上公立学校接受教育的观念几乎没有动摇过。

最后，从基础教育的整体管理制度来看，我国政府对教育管理实施的主导模式仍然是以"高度集中"为主。国家政府多次提出教育结构性改革，实施管办评分离，给办学机构及校长管理人员以自主办学的权利。然而，我国教育领域的"高度集中"管理体制没有发生本质改变——高度集中的教育决策、纵向的行政管理体制以及计划管理仍是我国教育管理的主导模式。

（三）教育资源分配不合理

虽然当前我国基础教育资源分配呈现相对多元的趋势，也更趋合理，但受转型时期时代背景的重大影响，基础教育资源的分配依然存在诸多问题，也产生了一些负面影响，逐渐显现出一些不合理的现象。基础教育受地方财政影响较大，导致不同区域的基础教育发展呈现出强者越强、弱者越弱的趋势。我国基础教育的经费，约有一半来源于国家投入，但现阶段我国基础教育的区域、学校之间的教育经费投入存在很大差距。

二、基础教育供给问题分析

我国政府主导基础教育"单一供给"模式，这种"垄断性"的教育管理制度，使政府在教育管理上出现"顾此失彼"的现象，对教育经费的总支出控制乏力，使经费的使用效果降低。因此，教育供给很难满足公众对高品质、多元化教育的需求。从根本上讲，是广大民众对政府"单一供给"模式的不满意。

（一）政府的"单一供给"难以实现精准供给

1. 教育管理制度"失灵"

政府在教育供给中的"垄断性"，容易造成管理上的"顾此失彼"，在多个方面出现管理上的"失灵"现象。

首先，教育经费的划拨权和使用权断裂。由于教育发展规划、经费预算分别由不同的教育主管部门、财政部门和计划部门完成，这些部门之间缺乏有效沟通和"联动"机制，导致教育经费的使用受到影响，效率大大降低。

其次，教育经费投入机制缺乏灵活性。我国的教育经费，从使用项目上来看，基本上是以刚性项目为主，如工资福利支出等，很难在预算中灵活调整，予以"撼动"。从项目的管理上看，严格的专款专用，确实保证了有些项目的经费投入，但是在一定程度上限制了教育经费的灵活应用，出现"打酱油钱不能买醋"的现象。由此可见，我国教育经费的管理和使用模式的灵活性不足。

最后，教育经费的预算管理制度和体系不够完善。目前的教育预算管理体系实行的是"自上而下"的财务部门编制机制，各教育部门没有参与权，其预算无法反映和满足教育单位需求，且经费预算缺乏科学性、前瞻性和适应性。尤为重要的问题是，教育经费的预算执行，缺乏有效的考评标准和监督制度，尚未形成全体社会力量参与教育经费的监督管理机制。

2. 教育经费使用效果不佳

教育经费管理使用制度的缺陷导致供给"失灵"，致使教育经费使用效果不佳，突出地表现为教育支出优先性的缺失。在财力有限的情况下，要依据轻重缓急确定其优先支出顺序，才能更好地发挥财政资金的作用。民众需求、项目的公共物品性质以及相对价值，是判定教育经费支出顺序的依据。

目前，我国学前教育和职业教育是教育经费支出的优先权缺失的典型领域。与此相比，我国对高等教育的财政支出的占比一直很大。如此一来，在政府财政能力一定的情况下，无形中削弱了职业教育、学前教育的教育经费占比。由此推出：教育经费支出的优先性缺失，使其经费没有用在刀刃上，使教育经费的使用效果大打折扣。政府在教育上投入规模巨大，却因为优先性的缺失，只获得事倍功半的教育成效，民众真正的教育需求未能被充分满足。

3. 教育支出总量控制乏力

我国教育领域的经费具有"法定支出"的性质，其从 20 世纪 90 年代开始，各教育改革和发展纲要、规划以及教育法，就规定了教育经费的增长规模。教育经费法定增长硬性要求的规定，一定程度上促进了教育事业的健康发展。然而，一定程度的法定支出的教育经费特点以及法定增长的规定，成为教育支出总量控制的"悖论"。国家财政收入呈现波动性特征，因为其很大程度上受社会经济发展等多种因素影响，而教育财政支出是刚性规定。如此推测，当国家财政收入减缓甚至负增长时（如近三年我国受新冠疫情影响，财政收入有所波动），而教育支出依然保持较高比例，教育经费支出逐渐越累越多，国家必然会出现财政支出难以为继的尴尬局面。我国基础教育经费的逐年上涨趋势，已造成部分地方财政有苦难言的局面。

（二）"单一供给"模式对"市场"利用率低

基础教育在我国主要是政府供给的一项公共服务，但是，民众对优质教育的需求不断扩大、日益多元。国家的人口生育政策调整之后，据不完全估计，较大的教育市场规模正在悄然形成。而在政府基础教育的"单一供给"体制下，民办教育的这一市场被排斥在外。然而，公办教育的单一形式无法满足民众的多元教育需求。

1. 教育市场社会功能

随着知识经济时代的到来和科学技术的飞速发展，社会经济的发展对广大劳动者的知识结构和能力素质要求日益提高，民众对教育的要求由应试教育转向素质教育，由能接受教育转向对优质教育的追求。随着人民群众经济收入增加和物质生活的丰富，我国适龄教育家庭的消费中占比最大的便是教育支出，教育行业的市场化发展具有很大的潜力。在西方资本主义发达国家，教育市场化早已得到发展，并且慢慢演变成了"政府"和"市场"同时存在，形成多种形式、各具特色的教育格局。政府的单一教育供给，缺乏灵活性，也不能有效利用市场资源，不利于形成民众期望的多样化的教育格局，然而，教育市场能够有效弥补这一不足。

2. "单一体制"排斥"市场"的后果

在我国，民众对教育的质量要求逐步提高，需求规模也快速增长，而我国的教育供给仍然是政府主导的"单一供给"体制。我国教育管理部门的管理模式不尽合理，缺乏灵活性，便教育供给效率低下，很难满足人们日益多元化的教育需求。因此，政府的教育体制，没有市场参与的教育供给，对民众的教育需求缺乏灵活回应，使民众对教育的不满呼声逐渐强烈。在我国，人们不满意的领域之一就是教育。例如，民众需求较高的中外合作办学，其申请报告放置几年仍未得到审批。由此可见，教育领域的市场被排除在外的现状，教育市场得不到合理充分发展，最主要的是政府"单一供给"的现状无法切中"民众需求"的要害。基于这样一种情况，政府的教育经费的"法定支出""规模增长"并没有换来民众的满意，长此以往，将影响教育对人才的培养受到，进而影响社会经济的整体发展。

参考文献

[1] 辛涛，姜宇，王烨辉.基于学生核心素养的课程体系建构 [J].北京师范大学学报（社会科学版），2014（1）：5-11.

[2] 宋灵青，田罗乐."互联网＋"时代学生核心素养发展的新理路 [J].中国电化教育，2017（1）：78-82.

[3] 刘雪飞，陈琳，王丽娜，等.走向智慧时代的信息技术课程核心素养建构研究 [J].中国电化教育，2018，381（10）：60-66.

[4] 教育部 . 教育部关于印发《教育信息化 2.0 行动计划》的通知 [EB/OL].
（2018-04-13）[2023-3-22].http://www.moe.gov.cn/srcsite/A16/s3342/201804/
t20180425_334188.html.

[5] 中央政府门户网站 . 以供给侧结构性改革为引领 [EB/OL].（2016-01-30）
[2023-3-22].http：//www.gov.cn/zhengce/2016-01/07/content_5031097.htm.

[6] 谢桂平 . 中国教育资源有效供给问题研究 [D]. 长沙：湖南大学，2015.

[7] 殷玉新 . 学习机会公平研究 [D]. 上海：华东师范大学，2018.

[8] 余远方 . 教育多元供给问题研究 [D]. 北京：首都经济贸易大学，2011.

第四章 "互联网+基础教育"供给体系框架研究

　　随着时代的变化、科技的进步，社会生产发展对人才有了更高的要求。与此同时，随着人们经济收入的提高、物质条件的丰富，学生及其家长对教育的需求也越来越多样化、个性化。人民群众日益增长的对教育的美好需要与教育发展不平衡不充分之间的矛盾是当前教育的主要矛盾。优质的、公平的以及多样化的教育发展是人们向往的美好的教育。在"十四五"开启的关键时间节点上，良好教育生态环境的建设，"人民满意的教育"体系的构建，具有重要价值和意义。而目前基础教育的供给体系有其自身无法回避的缺陷，教学体制的相对僵化、教学资源配置的不均衡以及优质师资的短缺，导致教学各方面的不灵活，甚至除语数英之外的一些课程，无法按照课程标准高质量完成。在全面深入学习和贯彻习近平总书记关于教育的重要论述中，教育部原部长陈宝生指出，要加强教育开放，与各国一流的优质资源开展长期稳定的、高水平的合作，吸纳先进办学理念，开展开放式的、优质的办学。习近平总书记关于教育的论述，为我国基础教育改革提供了科学的方法论。本研究尝试构建"互联网+"的基础教育供给体系的全新框架，进而实现有效的、高质量的基础教育供给。

　　"互联网+基础教育"本质上是互联网与教育的深度融合，使基础教育进行深刻变革。其中变革之一就是基础教育供给主体的社会化趋势。政府、社会培训机构、互联网公司、高等教育机构以及企业、协会等，都将从不同角度、不同侧面参与基础教育供给，提供多样化的基础教育服务以及资源，满足广大家长与学生的多样化需求。

基础教育改革和发展要基于现有实际情况和一定的环境条件。目前基础教育发展不平衡，是传统基础教育面临的难题。借助"互联网＋"推进基础教育区域公共服务系统创建，成立专门政府组织机构，构建基于互联网的虚实结合的区域平台等举措，在一定程度上可以重新分布教育资源，实现学生跨越校园界限，开展无障碍沟通，同时便于教师网络化教研，实现区域教师专业发展。

教育的核心主战场——教学。基于"互联网＋"背景，构建数字化教学生态环境。传统课堂和在线方式的融合教学，是开展个性化精准教育的有效教学组织形式，包括翻转课堂、线上辅助的分层教学以及混合模式的精准教学。

基础教育的教与学的主要载体是课程，为了实现人人都能接受高质量的精准教育这一目标，适应性课程的构建研究是基础和前提，也是精准教育实施的保障。本章重点探讨适应性课程的开发以及纸质与数字立体化交互式教材的开发。

教师是教育教学实践的执行者，是教育教学改革发展的实践者，是教育教学质量的关键保障之一。"互联网＋教育"环境下的教育供给体系中，教师团队协作方式将是教师未来工作的趋势，包括线上线下教师的合作、校内校外教师的合作、区域内教师的合作。从而使教师角色、职责发生变化，教师资源进一步优化和共享，为精准教育提供师资保证。

"互联网＋基础教育"汇聚大量教、学数据，有助于实施第三方教育评估服务。基于独立、透明、可信的大数据，客观评价教育供给质量和效果。公开、透明、基于大数据计算的第三方认证体系，可以更好地规范和促进基础教育服务的良性发展。

第一节　供给主体："互联网＋基础教育"供给主体社会化研究

一、"互联网＋教育"的本质特征

关于"互联网＋"的较早论述是在《国务院关于积极推进"互联网＋"行动的指导意见》（2015）中，该意见指出，"互联网＋"是把互联网相关的各项创新技术成果与社会经济发展深度融合，推动各领域技术进步、工作效率提升和组织结构变革，促进实体经济的创新发展，提升实体经济生产力水平，形成更加有效的以互联网技术为基础设施、以互联网思维为创新元素的经济社会发展新形态。由此可知，"互联网＋"所构建的是一种全新的社会经济发展形态，而不是将互联网技术作为技术手段在各行业的简单应用。"互联网＋教育"不仅仅是基于互联网技术建立的各种教与学的平台及资源，更是互联网与教育深度融合，从而促进教育发生战略性和全局性的变革，推动教育进步和教育效率提升，增强教育创新力和生产力。"互联网＋教育"是对现行教育形态的变革，而不是完全取代。人与人之间的思维、情感和个性的相互影响，是教育的本质，是数字化教育甚至人工智能教育所不能替代的。作为一种革新的教育形态，"互联网＋教育"呈现如下五个特征。

第一，跨界联结。"互联网＋"中的"＋"就是联结，是跨界的联结。目的是通过跨界联结，构建出一种全新的形态。"互联网＋教育"，就是"互联网＋课程""互联网＋教学""互联网＋评价""互联网＋管理"等。每一种跨界融合，都使得原有的教育元素发生质的改变和飞跃。如"互联网＋教学"可以实现混合教学，实现多种形式的师生互动和交流。

第二，创新驱动。"互联网＋教育"是基于互联网技术和互联网思维，对教育整体进行系统性创新，使教育体系发生根本性的质的改变，使教育水平和质量发生质的飞跃。首先是增强互联网对教育全方位创新的技术支撑。例如：数字化技术、人工智能、虚拟世界技术、云计算以及大数据等新技术，有助于"互联网＋教育"全新教育形态的建设发展；人机交互技术、社交网络以及移动互联网技术,可促进教学互动模式的创新。其次是加强学校众创空间的建设发展。借助网络联结、开放的优势,整合网络技术资源,建设多种功能的、多种类型的教育教学众创空间,给师生自主、创新地教与学提供平台。当前,在一些改革发展较为超前的学校,众创空间的建设为教育现代化提供了支撑。最后是构建开放、分享式的教育创新。基于互联网技术的信息快速、便捷更新和传播,使教育教学的各种创新和分享成为可能。基于互联网协作和集成的教育创新理念,很快在各领域内实施传播和共享。

第三,优化关系。"互联网＋教育"对教育中各种元素间的关系结构进行重组和优化,使教师和学生的关系、学校与学生的关系发生变革。教育组织及合作关系的内涵不再是传统上的解读,而且虚拟世界与现实世界的界限融合。学生学习自主选择权更大,可以进行平等分享,实现师生对于教学内容的对称交流。师生角色互换、家校角色调整,整合教育利益相关者的智慧,进行教育创新。

第四,扩大开放。"互联网＋教育"真正跨越校园围墙的限制,使跨区域、跨国界的全球化教育成为可能,实现了真正意义上的开放式教育。全球的 MOOC 教育即为典型案例。

第五,更具生态性。教育的生态性主要表现为教育供给的多样性、自然发生性、渐进进化性以及质变等特征。大数据技术在教育领域的应用,可以较为广泛地关注每个学习者个体。人工智能的应用可以呈现更加多样化的教育内容和教学方式。师生的角色、作用和地位亦产生变化,尤其学生在教育中的主体地位更加凸显,学生个性化的学习方式得以实现,其学习发生于随时随地的自然过程。教师对学生的指导、引导作用日益凸显,更好地成为学生人生的引导者和启迪者。

二、"互联网＋基础教育"社会供给主体分析

我国改革开放 40 多年来,整体办学体制逐渐趋于多元化,逐渐形成公办教育与民办教育共同发展的教育格局,在以国家政府办学为主体的基础上,吸纳全社会的力量参与其中。"互联网＋基础教育"本质上是互联网与教育的

深度融合，使基础教育发生了深刻变革。其中，变革之一就是基础教育供给主体的社会化趋势。政府、社会培训机构、互联网公司、高等教育机构以及企业、协会等，都将从不同角度、不同侧面参与基础教育的建设发展，提供多样化的教育供给服务，满足广大民众的多样化教育需求。如公办学校、民办私立学校、社会教育培训机构，以及线上的公立远程教育机构、私立在线教育机构、混合式教育机构等。目前以政府为主导的公办学校是我国基础教育的主体，辅以私立教育机构和社会培训机构。

（一）基础教育供给主体——公办学校

公立教育是面向一般群体，由政府直接拨款与控制的教育运行模式。欧美等国家在工业革命后期，实施义务教育的强制普及政策，公立教育逐渐成为教育主流形式。19 世纪之后，由政府创办的公立教育成为全球教育的主要形式，逐步取代了之前的家庭教育、教会教育以及社区办学等教育形式。新中国成立之初，效法苏联，借助行政手段逐渐建立起由政府创办的、权力相对集中的教育体系，与当时的计划经济体制相适应。

目前，由于教育相关政策、体制改革不够彻底、到位，一定程度上导致公办学校缺乏办学活力。主要体现在政府经费拨付、管理层级差异、政府与学校的权责划分以及评价等几个方面。进入新时代，人民日益增长的更高水平、更高质量的教育需求与教育发展不平衡不充分之间的矛盾成为当前我国教育改革发展的主要矛盾。构建良好的基础教育生态环境，使公办学校承担起创造人民满意教育的责任，具有重大价值意义。

公办学校需应时而变，时刻保持办学活力。首先，定位要明晰。公办学校要履行社会的基本公共服务职责。基于长期目标，公办学校肩负着社会基本公共服务的"保底"职责，搭建扎实宽厚的教育底座，将现有的类似树根状分布在底部的公立学校进行优化，这个"底"越厚实，就越有利于保障教育公平与社会稳定。

我国在基础教育阶段相对薄弱的学校，基本都是公办学校，尤其是农村偏远地区的公办学校。因此，为了实现教育均衡、充分发展，提升改造这些学校是突破教育发展困境的关键。其次，优化教育管理模式，将办学的管理模式由层级化改革为"扁平化",赋予各组成机构更多权利,为激活办学主体活力、实现教育均衡发展提供更加适宜的管理体制和条件。

(二)基础教育有力供给——民办学校

1. 国外私立教育机构

在国外,私立教育机构是实施精准个性化教育,满足学生家长多样化教育需求的重要组成部分。在美国,长期以来,私立教育在基础教育中占有重要的地位。在中小学教育阶段,美国的私立教育机构有着悠久的历史,具有特点鲜明的办学理念和办学模式,以及较为先进和完善的教育教学管理体系,其教育质量相对较高,获得了美国民众的普遍认同和肯定。美国私立中小学教育的发展状况如表4-1所示。日本的私立教育具有较为完善的私立学校法律体系,政府对私立中小学给予有力的资助和严格的管理规定。

表4-1　美国私立学校及其学生数统计表

序号	总数	私立	占比
中小学校（所）	110 055	26 807	24.4%
中小学学生（万）	4 622.1	519.5	11.2%

2. 中国民办教育机构

相比于公立教育,在人类社会中出现最早的是私立教育。作为世界文明古国,中国的私立教育有着悠久的发展历史,在相当长一段历史时期,其占据着中国教育的统治地位。

从《国家中长期教育改革和发展规划纲要(2010—2020年)》论述可知,民办教育是我国教育事业的组成部分,是我国教育事业建设发展的重要增长点,是促进我国教育改革的主要力量。《全国教育事业发展统计公报》数据表明:我国的民办教育规模在持续快速扩大,初中和普通高中阶段的民办教育发展最为迅速。2019—2022年,我国义务教育阶段民办普通高中学校的占比以及其在校生数量占比呈现出明显增长态势,具体如图4-1所示。民办学校通过创新办学机制和育人模式,提高教育质量,突出办学特色,进而创办高水平的学校,为我国教育事业的发展注入活力。

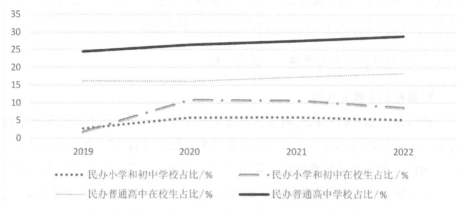

图 4-1　我国义务教育阶段、民办普高学校占比和在校生数量占比统计图

　　首先，在教育发展不平衡、不充分的现阶段，在国家和地方财政经费有限的前提下，民办教育在扩充基础阶段教育学位、平衡区域教育差距等方面发挥着重要作用。其次，民办教育与公立教育之间的竞争以及民办教育教学的创新行为，为整个基础教育领域注入活力和发展生机。一方面，民办教育机构的所有权与办学管理权是一体的，更能有效实现人、财、物联动，优化教育教学及管理模式；另一方面，民办教育的管理模式、教育教学行为等的创新，有力推动了基础教育领域解放办学思想以及变革教育观念。同时，民办教育从满足受教育者需求角度，积极探索改革，主动迎接满足学生各种需求的挑战，拉开了基础教育的竞争建设发展局面。最后，民办教育机构是教育供给侧结构性改革形成的多元化办学形式，可以满足学生家长多样化教育需求，如国际化教育、"优质教育"需求等。

　　民办教育机构主动变革、主动迎接挑战的主动意识，使教育呈现出多样化、有特色的办学趋势。各民办学校都在博采众长的基础上，挖掘和突出自己的办学特色，以素质教育为办学的目标追求，强调学生的个性化和创新性培养。如北京私立教育机构——树人学校，以培养心理健康、知识结构健全以及道德规范良好的人才为目的，尤其强调学生要做良好的社会公民，重视学生的社会公德教育、礼仪教育、社会行为规范教育。再如，山西省通宝育杰学校，有鲜明的办学特色，即环境育人的办学理念。其独特的校园环境，蕴含着学校的文化底蕴、育人倾向和管理风格。该学校尤其重视校园软硬文化的建设，各种名言警句在学校的墙壁和草坪中随处可见。学生浸润在丰富的校园文化环境中，润物细无声地受着教育，获得成长。

我国目前的民办教育，从经费的来源上看，呈现出多种办学模式和特点，如"民办自助型""民办公助型""公办民助型""引进外资型""股份合作型""国有民营型"，甚至还有"教育储蓄金型"等。尽管我国的民办教育呈现迅速发展的趋势，但是，就教育质量而言，与西方教育比较发达的国家相比，我国的民办教育、私立教育存在较多问题亟须解决。

（三）基础教育个性化供给——立体化公共文化体育服务机构

2023 年 6 月，中共中央办公厅、国务院办公厅印发了《关于构建优质均衡的基本公共教育服务体系的意见》（以下简称《意见》），该意见指出，要丰富公共文化体育服务，充分发挥公共文化体育和科普资源重要育人作用，落实博物馆、纪念馆、公共图书馆、美术馆、文化馆（站）按规定向学生免费开放政策，有条件的公共体育设施、科技馆和各类科普教育基地免费或低收费向学生开放。国家法定节假日和学校寒暑假期间适当延长开放时间，并增设适合学生特点的文化体育和科普活动。随着国家教育数字化转型政策的推进，技术赋能教育教学改革已成必然，以"国家中小学智慧教育平台"为主的线上优质资源，成为满足基础教育教师、学生及家长个性化、多样化教育需求的重要供给。加大校外线上、线下立体化公共文化体育资源的统筹力度，开展形式多样的文化、体育、科普等活动，才能更好地满足"双减"政策下学生课余自主学习的需求，促进其全面健康发展。

1. 区域公共文化体育服务机构

首先，基于区域公共文化体育服务机构的非正式教育，能够满足学生家长越来越强烈的多样化教育需求。学校教育遵照国家课程标准，保障党和国家意志的实现，确保学校教育公平，其教学内容和形式相对统一。当经济水平、物质丰富到一定程度，人们对文化、体育健康、科技创新等方面的高质量、多样化需求日益凸显。以上海为例，随着人均 GDP 的增加，从 20 年前几乎每个孩子在校外参加一门艺术课程学习，到 10 年前几乎每个孩子在校外学习一项运动技能，再到近几年几乎每个孩子都参加校外科技创新类项目。

以"双减"政策撬动的基础教育整体改革，减掉学生在学校教育中低质量、重复的作业负担，减掉学生沉重的以提分为目的课外培训，增加了学生自我发展的时间和机会。因此，随着基础教育"双减"政策的实施，全国范围内大多数家庭都有让孩子在校外学习一门艺术课程和一项运动技能的需求，进而促进孩子的全面发展。这个需求具有很大的体量，全部市场化、资本化运作，必然助推校外培训的价格飙升，这将对中低收入的家庭造成沉重的经济负担。只有国家公共文化体育服务机构的教育服务、场馆环境等免费或低收费，才能满足人们多样化的、庞大的市场需求，抑制价格，让青少年学生享有公平优质的基本公共教育服务。

其次，非正式的公共文化体育教育服务作为非正式的教育，有学校教育无法替代的优势。就学生个体发展而言，不存在正式学习或非正式学习的区别，只存在学习具体内容、学习感兴趣程度等方面的差异，无论哪种形式，都是促进个体发展的途径。从教育角度看，学校教育比较正式，有课程标准、教育规范、考试评价以及升学等要求，因此学生的个性化教育需求满足体现不明显。而学校外的非正式教育一方面是学生的主动选择，另一方面其宽敞、自由的教育空间、有趣的教育内容、灵活的教育方式、多元的教育评价等优势，为学生的爱好特长培养提供了土壤。从教育实践来看，学生的兴趣爱好差异是从非正式教育中形成的。例如，在艺术、体育等方面表现突出的学生，几乎都是在校外进行的启蒙教育。学生的个性发展需要在相对宽松和自由的环境里塑造。学生进入青少年活动中心、博物馆、科技馆以及研学基地等学习环境，沉浸在新鲜的学习空间和全新的同学关系中，减少了学校的学业压力、同学间的竞争，游戏、合作的学习方式更有利于学生的身心健康发展。

最后，非正式的公共文化体育教育有助于学生养成终身学习的良好习惯。学校学习仅占一个人学习生涯的部分时间，而学业后的社会非正式学习伴随人的一生，因此，养成在学校外的社会大课堂中学习的习惯，才是实现终身学习的根本。相关研究表明，一个人从小经常参观博物馆，去图书馆借书学习，从小喜欢到剧场看现场演出、听各种交响乐，从小习惯去运动场参加体育锻炼或看体育比赛，长大去这些地方的概率会极大地提高。这种终身学习习惯的养成，会影响生活、工作的方方面面。

为了挖掘和发挥好区域公共文化体育服务，第一，避免这些学习场所活动的过度课程化、组织化倾向，校外教育活动时，给学生增加自主探究的自由度；给学生灵活多样的学习方式；第二，区域公共文化体育的非正式教育资源的开发，多关注科技前沿领域和中华优秀传统文化领域，多以资源活动的整合性开发为主。

新时代区域公共文化体育服务的价值取向是立德树人，培养个性鲜明且全面发展的人才，是满足每个人充分发展的精准教育。把面向青少年的区域公共文化体育服务纳入基本公共教育服务体系，从而拓展教育空间，让全社会都能为孩子的成长提供资源，给每个孩子提供不一样的成长机会，让孩子能够在"玩中学，做中学，创中学"，形成各有侧重的学习专注度和好奇心，并最终都能拥有充分发展的个性化特长和兴趣爱好，积极实现自我价值和社会价值，那么我们的教育才能真正实现高质量的均衡和高质量的发展。

2. 基础教育数字化公共服务平台

党的二十大报告提出，推进教育数字化，建设全民终身学习的学习型社会、学习型大国。在中共中央政治局第五次集体学习时，习近平总书记强调，进一步推进数字教育，为个性化学习、终身学习、扩大优质教育资源覆盖面和教育现代化提供有效支撑。教育数字化转型是一个教育基础设施数字化、教育资源数字化以及师生数字素养提升等多方面的系统工程。

教育数字化，一定程度上真正实现了教育的精准资源和服务供给，数字化公共教育服务平台必将成为教师、学生及家长重要的个性化新型教育供给。我国的国家智慧教育公共服务平台，现已成为世界第一大教育数字化资源中心和服务平台。2023 年 6 月，该平台获得 2022 年度联合国教科文组织的哈马德·本·伊萨·阿勒哈利法国王教育信息化奖。该奖设立于 2005 年，由巴林王国提供资助，主要表彰由各国政府举办的公共教育服务平台。由此可见，中国国家智慧教育平台在促进公共数字学习平台建设和数字内容可获得性、培养教师和学生的数字能力等方面作出了重要贡献。

国家中小学智慧教育平台是国家智慧教育公共平台面向基础教育的子平台，由专题教育、课程教学、课后服务等板块组成，提供大量与课程匹配的学习资源，还包括丰富的课外材料供学生全面学习，涉及心理健康、体育运动、劳动艺术等领域。截至 2022 年 3 月，该平台的课程教学资源上线 19 个版本、452 册教材的 19 508 课时资源；还外链了中国国家博物馆、中国数字科技馆、国家公共文化云、人民日报少年网、数字敦煌、北京大学考古与艺术博物馆、清华大学科学博物馆等一批重要专业网站。广泛的平台内容和多样化的资源，为提高学生综合素质、促进德智体美劳全面健康发展提供了支持。在 2022 年的疫情防控期间，国家中小学智慧教育平台累计浏览量达 7.2 亿，日均浏览量 2 888 万以上，最高日浏览量达 6 433 万。该平台为我国基础教育"停课不停学"的大规模远程学习提供了有效支撑。另外，该平台为"双减"政策落地提供了物质技术保障，自 2021 年 7 月中央"双减"文件发布起，中小学智慧教育平台浏览量和访问人次均呈现高位激增态势，2022 年平台升级改版试运行后，日均浏览量比"双减"前增加 24 倍。平台的各板块教学资源得到广大教师、学生及家长的广泛使用，为没有校外培训的个性化学习需求提供了高质量的学习资源供给。截至 2023 年 8 月，国家中小学智慧教育平台的资源总量达到了 5.04 万条，其丰富的优质资源、不断拓展的教育应用培训，真正成为基础教育人人皆学、处处能学、时时可学的个性化教育供给。

三、整合社会资源的基础教育协同供给

"互联网＋教育"基于互联网基础设施，真正实现了基础教育的跨界融合，协同发展了教育供给的机制。互联网连接一切的特点，打破了传统学校主体的封闭、单一及线性的教育供给模式和渠道，重构出多元教育供给主体的教育形态。教育主体纵横跨越不同领域和不同层级，相互之间监督、动态关联、相互竞争又协同发展。

基于互联网的社会资源整合，实现了教育资源和服务供给的网络化。政府简政放权负责监管，市场方式经营管理运作，互联网整合社会资源。教育需求方需要多渠道、多种类的教育供给，包括师生所需的优质教育资源、学校需要的人力资源和教育服务，以及学生学习实践所需要的活动场景。由此可见，教育需求的满足，需要国家政府、学校、社区家庭以及整个社会的共同参与，要构建多元的、稳定而长久的、协同发展的教育形态。只有整合社

会力量、打破教育割据的壁垒，形成社会化的教育供给途径，才能从真正意义上实施精准教学，满足当下民众对美好教育的需求。为此，首先需要政府在国家政策和教育机制等宏观层面给予支持，同时需要学校、家庭以及社会在教育教学模式改革推动过程中给予微观支持，进而促进传统学校教育、家庭教育以及社会办学教育的协同发展。多元教育供给主体的实践性尝试以北京市的教育项目为例：北京开展学生开放性实践活动和在线辅导项目，有效地纳入多种教育供给主体，如公办教育机构、民办教育机构、科研院校和研究所等，同时借助互联网平台，搭建混合式的、虚实结合的信息资源共享和人力资源共享的渠道。将整个社会可利用的教育资源有机整合，打破了优质校资源独享而不能共享的现状，实现了基础教育的均衡发展和优质人力资源的流通和共享。

第二节　供给环境："互联网＋基础教育"区域基础教育创新系统

基于互联网技术和思维，政府、社会以市场方式有效协作，共同构建教育多元主体供给渠道的网络化。基于互联网的区域基础教育公共服务创新系统的架构是"互联网＋基础教育"落地的保障。区域基础教育公共服务创新系统主要包括组织机构与区域公共服务平台，用来组织、协调优质教育资源共享、精准教育实施。

一、区域创新系统概述

（一）区域创新系统的概念和构成要素

"区域创新系统"（regional innovation system，简称 RIS）中一个核心概念是"创新"。在区域创新系统的领域，创新被界定为一个逐渐进化的、社会化的系统过程。其中技术创新是区域内系统主体之间相互影响的结果，并受系统内外部因素的作用和影响。RIS 一词最早在英国库克教授的《区域创新系统：政府在全球化中的角色》一书中被提及，RIS 能够极大地促进区域创新活动的产生，该系统中的生产企业、研究机构以及高等教育机构相互分工和相互关联。加拿大的 Doloreux（2002、2003）将 RIS 界定为：蕴含有相互作用的私人利益和公共利益，由正规机构和其他组织构成的集合，主要作用是遵照一定系统的制度安排和约定进行知识的创造、应用和传播。开展合作创新活动和支持创新文化建设构成区域创新系统的特色，其中创新活动是指创新主体（企业公司、高等教育机构、社会培训机构、技术转移组织）的知识创新和创新主体之间相互影响、相互作用的创新活动，创新文化是指使企业公司等创新主体不断演进的创新文化。

由相互关联、制约的若干部分按照一定结构组成，具备一定功能的有机整体称为系统。因此，任何系统包含若干要素，具备一定结构以及特定功能。我国学者胡凯等认为，区域创新系统的主要构成要素包括特定区域内实施创新活动的要素主体。国外学者，如弗里曼（Freeman，1987）、波特、伦德瓦尔（Lundvall，1992）、帕威特（Pavitt，1994）等，对于区域创新系统的组成要素基本形成一致看法，他们认为公司企业、大学及研究机构、政府部门以及教育机构等中介构成创新体系的要素。在区域创新系统中，公司企业是执行者，居于中心位置；系统内知识创新的责任由大学及研究机构承担；政府承担着创新政策制定的职责，具有特殊的地位和功能；中介组织起着纽带作用，联系创新系统内各要素。

（二）区域创新系统的基本结构

区域创新体系的主要构成要素之间的构成形式，或相互之间相对固定的关系模式称为区域创新系统的结构。库克（2000）等明确指出，具备特定功能的区域创新系统一般由两个子系统组成：知识开采和其应用子系统，知识创造与传播子系统。在国内，受区域发展特色和不同的制约因素影响，研究者对区域创新系统的组成子系统观点不一。其中具有代表性的学者潘德均（2001）指出，区域创新系统由主体子系统和支撑子系统两部分构成，前者包括知识创新子系统、技术创新子系统以及技术推广子系统，后者包括创新人才子系统、国家政策及管理子系统以及社会支持服务子系统。

（三）区域创新系统的运行机制

区域创新系统的运行机制是指区域创新系统内部创新活动各主体之间及其与创新环境之间相互作用过程的原理（林迎星，2006）。Cooke（1998）认为，区域创新系统是企业及其他机构经由以根植性为特征的制度环境系统中从事交互学习的地方。Doloreux（2002）将"内部机制"描述为区域创新系统内部的基本动力（principal internal dynamics），正是这些基本动力影响了区域创新体系的效率和成功。他认为，区域创新系统的内部机制有四个：互动学习（interactive learning）、知识生产（knowledge production）、邻近性（proximity）和社会根植性（social embeddedness）。

张敦富（2000）等人认为，创新主体、研发、融资、中介、管理等各系统之间的关联，是依照内在的利益机制和外部的竞争压力机制，相互依存、相互约束、相互作用的。其中基本的机制包括利益驱动机制、决策信息机制、竞争协作机制、学习培训机制。李虹（2004）认为，研究区域创新体系的运行机制，应从微观创新机制入手，着重分析区域创新的动力，进而研究创新在区域中的扩散机理，目的是希望通过人为的干预和调控，提高区域创新的整体效率。区域创新过程是一个复杂的过程，其中交织着多种动力，区域创新行为的产生是外部动力（市场需求、区域竞争、国家创新引导等）和内部动力（企业利润、区域创新瓶颈、地方政府推动）共同作用的结果。

二、"互联网＋"区域基础教育创新系统

（一）"互联网＋"区域基础教育创新系统概念

适应区域经济建设、社会发展和满足区域学生多样化、个性化发展的需要，是教育创新的重要驱动力。基于区域创新系统的概念阐释，对照教育系统的主要特征以及"互联网＋"的理念与技术，"互联网＋"区域基础教育创新系统就是指，基于互联网技术支撑，基础教育学校、高等学校、教育研究

机构、互联网企业和社会培训机构以及政府相关部门和机构等创新主体，为落实国家教育政策、实现国家人才培养目标、不断提高教育质量而构建起一定地理区域的创新型的教育体系。

（二）"互联网＋"区域基础教育创新系统的目标

根据德国学者哈贝马斯的社会结构三元理论，现代社会由三大领域构成，即政治领域、经济领域和社会领域。教育归属于政府组织和营利组织之外的社会组织。因此，教育的本质属性是社会性。学校满足社会需要而培养人才，既具有服务共同领域的教育的功利性，即教育必须为社会发展服务；又具有为私人领域服务的教育的人本性，即教育必须为个人发展服务。教育系统的目标是以国家教育目标的达成为定位。随着时代的发展，国家的政治、经济和社会在不断发展，为之服务的教育需要不断更新教育目标，因此教育变革与服务的创新发展也成为一个被关注的重要发展问题。在我国，尽管教育目标全国统一，但课程建设实施国家、地方等逐级管理，而课程是教育目标实现的载体。因此，提出了区域教育特色的打造和创新发展问题。促进区域创新成果的产出并提升其质量是区域创新系统的目的。因此，基础教育区域创新系统的目标是适应区域经济和社会发展需要，满足学生多样化和个性化发展的需求，促进和提升区域基础教育的质量。

（三）"互联网＋"区域基础教育创新系统组成

能进行知识传递的组织是区域创新系统的构成主体。一个区域基础教育知识的传递，主要是通过核心的组织机构——学校的教育活动完成。因此，学校是区域基础教育创新系统的主体，是国家培养人的基本组织。然而，围绕学校这一主体，还需要其他的组成元素：负责学校教育教学活动管理监督的行政机构，即教育相关的行政部门；负责学校教育教学研究的研究部门，即区域内的政府教研机构及名师工作室等；负责基础教育师资队伍专业发展和教育教学创新科学研究的科研指导部门，即区域内高等教育机构及研究所等；承担教育教学信息化技术支撑的企业、公司等服务部门，即互联网教育公司等。区域基础教育的创新能力培养需要创新主体的努力，也离不开外部环境的激发与维持。区域基础教育创新系统的构建，同时需要区域经济、政治和体制等社会环境的支持。因此，诸多因素构成了区域基础教育创新系统。

（四）"互联网＋"区域基础教育创新体系机制

教育供给侧结构调整要为教育需求侧服务，要确保教育供给与教育需求发展平衡。根据教育供给侧结构性改革的基本理论，要在协同、关照教育供给的诸多因素基础上，进行供给侧结构性改革。因此，对于"互联网＋"区域基础教育创新系统，要协同教育行政部门、基础教育机构（教学机构、教学研究机构）、科研机构（高等学校、研究所等）、社会培训机构、教育教学相关的互联网企业公司等各要素，实现教育供给的机构性优化配置。区域基础教育创新系统就是要整合教育供给的主体力量，通过多元合作建立完善的基于互联网的教学资源与教育服务管理机制，提供优质的、均衡的区域基础教育供给模式，为学生提供满足其个性化发展的精准教育服务。通过建立国家监督评估、学校自由选择的教育供给机制，逐渐构建区域性的政府购买公共教育服务与市场提供针对性、个性化教育服务相结合的教育教学供给机制。

三、"互联网＋"区域基础教育创新系统各主体的相互关系

基础教育的精准教育前提是优质教育资源和服务的丰富和多样化。就目前学校基础教育现状，基于互联网技术，整合社会资源是丰富基础教育优质资源的有效途径之一，而区域基础教育创新信息化系统的建设是整合社会资源的有力技术支撑和可行路径。

在区域创新系统中，不同系统主体承担和发挥着不同的职能。从组织机构的本质属性来讲，高等学校、研究所等科研机构主要服务于基础教育教学研究和理论应用的实践指导。针对区域基础教育创新系统而言，高校等研究机构主要从事基础教育科研及师资专业发展的培训等工作。作为区域基础教育创新系统的重要组成，互联网等 IT 行业的相关企业公司等，如教育资源及相关技术平台开发的互联网公司，主要是根据区域经济社会发展方向的定位，对创新理论与知识进行技术创新，进行教学资源设计和开发，并引入区域进

行应用实践，从而提升本区域的教育服务质量。研究机构和技术创新公司在承担日常科研指导工作外，还需要进行区域本土化研发，以及技术应用实践孵化之后的进一步创新推广指导。

区域基础教育创新系统依赖于区域的政治、经济和体制的环境完善。为此，国家政府的主要任务是提出基础教育创新发展的宏观方向，并且在教育经费、教育政策、教育体制等方面提供有力保障。同时，对区域教育创新服务质量进行监督和管理，为区域基础教育创新系统的作用发挥提供方向引领和政策体制等保障。

中小学是基础教育公共服务的核心对象，也是区域基础教育创新的核心组成部分。学校在国家和区域地方教育法律、教育政策以及相关教育规定的框架之下，积极主动回应区域社区的需要和家长、学生的需求，在科研机构的指导下，研制具有区域特色、校本特点的教育教学活动，组织教育教学的创新活动。因此，学校首先需要保质保量落实国家和地方的教育政策规定，然后根据学校学生、家长以及社区的需求，研发学校特色化的课程和实践活动。学校既是教育教学执行者，又是教育教学创新实践者。

教育督导评价组织的主要职能是对教育质量监督和评价，是一个严格质量把关的评估监督机构。首要督导、评估功能是检验学校和教育部门对国家教育法律法规、教育政策的执行情况，实际完成相关教育任务的情况。然后，将其督导和评估情况反馈给相关的教育行政管理部门，由这些部门进一步完善教育制度，规范学校和相关教育部门的教育教学及管理活动，形成良性的循环过程，提升区域教育创新系统的教育质量。

高校等科研机构作为区域基础教育创新的重要组成部分，是区域基础教育创新的顶层设计者，引领着创新的方向，指导理论向实践的转化，可以提升和促进区域教育理论高度，有力促进基础教育机构的创新实践活动，影响区域基础教育的能量聚合。

各区域创新实践主体各司其职，相互融合，协作推进工作。重点需要加大基础研究以及实践应用孵化，从而实现教育教学改革遵循教育教学规律，促进青少年学生健康发展的目标。

四、"互联网＋"区域基础教育创新系统的信息化建设

以"互联网＋"为核心思想和技术支撑的信息化基础平台建设，是区域基础教育创新系统构建的基础性工程，便于实现区域基础教育创新系统各主体对话、数据共享，实施精准教育服务。

服务于区域基础教育创新体系建设的信息化系统是一个庞杂的系统，可满足不同领域的多主体协同工作和数据分享。根据协同理论，首先要明确系统总体目标以及细化子目标。准确界定任务边界，确定可量化的交付实物以及制定其评估标准。其次是计划有效的交互沟通形式。系统内要素间的高效互动下的子系统有序运转，需要协调子系统之间关系的恰当的系统机制，也需要系统从所处的外部环境获取恰当的控制参数。依据从环境中获取的参数，系统完成自组织功能，进而调整系统将来的活动行为。目前，互联网等信息技术公司构建的众多网络平台，为区域基础教育系统内各主体间的互动交流提供了技术保障。再次是政府适度干预。政府行政命令是影响区域基础教育创新信息化建设的控制参量，政府具备主导作用，引导市场与社会有序参与区域基础教育系统建设和发展。区域基础教育创新信息化服务作为公共产品，缺乏"排他性"和"竞争性"的属性，容易产生一些用户"随大流""搭便车"的现象。为此，政府作为区域基础教育创新系统的核心构成，应该重视其对市场的监督管理作用，完善畅通的信息反馈机制，引导市场的良性竞争，实现国家政府、市场以及社会其他相关组织机构协同教育供给的科学合理的机制。具有代表性的典型案例就是"广州数字化学习港"，这是一个实现区域信息化教育的公共的数字化服务系统，主要功能是开展中小学素质教育，具体是实施中小学学生校外教育和生活能力培训等。这一数字化服务系统在政府主导下，联合广州广播电视大学和远程教育中心两大机构，作为信息化数字化服务的主要支撑机构，整合广州地区多家教育教学机构，面向社会提供终身学习的机会。另外，湖北省也重视加强省内公共教育服务信息化的建设，为此专门成立了教育信息化发展中心，搭建了公共教育服务的信息化平台，为优质教育资源建设和共享提供了环境支持，较大地提高了湖北省整体的公共教育服务能力。

五、"互联网＋"区域基础教育创新系统的精准教育服务

教育资源发展不平衡，是基础教育面临的难题，导致无法提供举国整体优质的教育服务。借助"互联网＋"技术推进基础教育区域创新系统的构建，基于网络平台、教学资源开发建设以及整合多方力量，进行基础教育服务、创新教育教学资源服务的布局，实现学生跨越校园界限、开展无障碍沟通、随时随地的多样化学习，实现真正意义上的个性化自主学习。同时，便于教师网络教研，实现区域教师专业发展。

基于区域基础教育创新系统，基础教育供给方式发生变革。打破原有的单向线性基础教育渠道，提供贯通式的、立体式的教育渠道的网络化。优秀学校引领下的基础教育机构自建教学资源、政府购买社会教育机构和公司企业的教育资源，形成区域基础教育系统内校际资源的共享。打破原有学校单位的信息资源孤岛，通过流动和资源共享网络，实现优质教育资源的科学合理配置，实现优质资源对教师教学和学生学习的有效支持。

在区域基础教育创新系统构建方面，北京市进行了实践探索。北京市通过整合多方力量，加强优质基础教育资源服务建设，鼓励与基础教育研究相关的优秀高等院校创办基础教育学校。政府购买社会教育培训、资源开发等机构的优质教育服务，进而扩充基础教育资源，为学习者提供个性化、多样化的学习支持服务。同时，重新进行基础教育学校规划布局，均衡教育资源配置。利用学区制从结构上解决了优质资源扎堆、集中的现象；发挥优质基础教育学校优势，开展集团化办学、学校合作办学，实现了优质资源的共享和再分配；构建立体化、网络化的优质教育资源体系，根治了教育资源配置不均衡、学区房择校热等与教育相关的社会问题。另外，北京市进行了高中学生人才培养的供给侧改革，将普通高中和高职院校进行结合，给学生提供更多的选择机会，打开高中、高职的学业双通道，将高中、高职与大学本科教育打通，构建新的人才培养途径，确保每个学生都能得到精准教育和个性化发展。

《北京高等学校高精尖创新中心建设计划》是北京市委启动的，通过建设高精尖中心及实施高精尖项目，面向北京市基础教育师生未来教育发展进行研究和教育服务。高精尖中心研发智能化的、公共的教育服务系统，搭建

师生可获得的教育资源和服务平台，对教育公共服务的模式进行"互联网＋"时代的创新。为使北京市的教育公共服务实现数字化、智能化转型发展，针对每一位学习者个体，实现全学习过程数据的自然采集；构建学习者知识与能力结构的模型；挖掘并且强化学生个体的学科发展优势；对学习者的学习问题进行个性化诊断与改进，从而实现因材施教、人人成才的教育梦想。例如，北京市的"双师项目"就是通过搭建网络学习平台，整合优秀学校和师资的智力资源，使线上线下教育供给渠道网络化，均衡教育发展，从而提升学生的综合素质与关键能力。

第三节 供给方式："互联网＋基础教育"融合教学供给方式研究

在"互联网＋"背景下，Web 3.0 将成为未来教育理念的重要实现手段。以 Web 3.0 为技术支撑的"互联网＋基础教育"，将为教育教学供给方式带来变革机遇，催生出翻转课堂、在线教学以及混合教学等教育供给多种形式。全新教学形式融合了传统学校的物理空间与基于互联网的线上学习空间，实现了跨越地域限制的立体化育人空间。融合学校物理空间与虚拟线上空间的教与学活动，使灵活多样的教学模式成为可能。融合了基于互联网的教师资源与网络学习资源，整合学校资源与社会培训资源，打造出丰富优质的学习支持服务。

Web 3.0 技术，计算机分布式技术以及区块链技术的结合，创建了全新的网络式虚拟学习空间，将以学习者学习为中心，为学习者提供沉浸式、体验式的学习空间。在多种先进的计算机互联网技术支持下的 Web 3.0 学习环境中，学生可以多感官智能化方式灵活地参与学习，应用可视化的技术手段表达自己的思想，将创新想法变为现实成果，并且不断寻求问题解决的方案，且进行积极主动分享。这一技术可以真正实现学生精准教育服务，从而促进学生发展。

一、翻转课堂教学方式

互联网时代的教学是优质的数字化课程与个性化精准指导相结合的教学。翻转课堂是基于互联网信息技术的全新教学模式。在互联网环境下，依托优质微课将传统"课堂知识传授"翻转为课下学生自主听课学习，而教师的个性化精准指导、解决知识应用问题的"课后作业完成"的过程放到课堂上进行，促进和加深学生对所学知识的内化，真正实现知识深度学习。

（一）翻转课堂与个性化精准教学

个性化精准教学是以学生为主体，以学生学习为中心，以尊重学生个性差异为基础，对学生个性化学习需求作出精准反应的教学模式。在采用科学方法充分分析学生个性特征和发展潜力的基础上，选择多样化的教学方式、现代化的教学手段和多元的教学评价方法，基于不同的、适宜的学习起点，选择适宜的学习内容和进度，为每个学生个体提供精准的教育教学服务。要打破传统教育内容的统一性和一致性，包括统一的学习内容、学习进度、学习起点及以学习目标要求等。个性化学习和精准教育是时代的要求，互联网等新信息技术的发展为其提供了可能。

翻转课堂是一种基于信息技术、对将传统教学结构和师生角色重新构建的、创新的教学模式。将传统的课堂知识讲授和课下练习完成作业的教学活动进行翻转，教师由课堂知识的讲授者转变成为课堂学生解决问题的帮助者和促进学生完成知识内化的个性化辅导者。在翻转课堂模式中，学生课下（主要是课前）借助信息技术对知识点开展系统的自主学习；课堂上在教师的个性化辅导下，与同学协作，完成知识的巩固练习和应用等，实现知识的真正内化。实践证明，这一模式更加利于个性化教学实施。一方面，课下自主学习增强了学生自主学习、自控学习节奏的能力；另一方面，在课下自主预习学习的前提下，课堂辅导过程中的教与学任务的完成更加有序且富有成效。因此，翻转课堂是基于学生需求的师生互动，是基于问题解决能力的学习过程，是基于学习过程的精准评价。在教育信息化背景下的翻转课堂，颠覆了教与学的步骤和环节，将以"以学生为中心"的个性化教学理念真正落地。

（二）翻转课堂的精准教学实质

1. 课堂翻转的精准教学

翻转课堂可以在传统大班教学环境下，借助信息技术实施精准教学。基于丰富的数字化学习资源，学生课下可以自由决定学习内容、选择学习的方式以及掌控学习的步调。课堂上，拥有相似学习兴趣的学生，针对学习疑惑集中进行学习探讨，并接受教师指导。翻转课堂的课上教学采取三种方式：班级集中教学、小组拓展训练以及学生个体个别化辅导。

首先，班级集中教学，由专家教师讲授，面向全班学生，针对课下自主学习中的共性问题进行答疑解惑，对重难点内容进行提示，对知识体系进行框架搭建和梳理，对学习方法和学习策略进行指导。其次，小组拓展训练，强调知识巩固、拓展应用，学生基于学习任务，在小组内通过资源分享、讨论交流等，解决大多数知识应用方面的问题。最后，针对特殊问题、个别能力培养实施个性化的教学指导，将个性化指导与小组训练融于一体，由专家教师和骨干教师进行，满足优秀学生和学习困难学生的不同学习需求。

2. 教师角色翻转的个性化引导

信息化教学环境的完善、数字化教学资源的极大丰富，使教师课堂角色发生了翻转，弱化了教师的知识讲授作用，强化了教师对学生的学习引导价值。师生关系也发生了翻转，教师是学生个性化学习所需资源的设计制作者，为学生实现个性化学习提供资源支撑；同时为学生提供精准的答疑解惑。翻转课堂的教学模式，从学习资源的设计开发到学习过程的指导帮助，都充分凸显了教师对于学生学习过程的参与和引领。教师借助互联网、人工智能等数字技术和科学的教学设计，跟踪、记录每个学习者的学习轨迹，对出现的问题及时进行干预，避免学生自主学习偏离目标，确保学生课下自主学习目标的达成，保证翻转课堂实现精准教学指导。

3. 学习活动翻转的个性化学习

翻转课堂的学习阶段由课下学生自主学习基础知识和课上教师答疑解惑，帮助学生知识巩固及应用拓展两个阶段组成。第一阶段属于学生以获得知识为目的的继承性学习，即学生基于教师团队精心设计制作的教学资源进行自主学习。学习资源主要包括学习指南（有的叫导学案）和学习音视频资源。学习指南对学生课下利用学习资源学习发挥指导作用，其内容包括知识框架、学习路径、学习重难点以及学习策略等多方面。学生基于学习指南的课下自主学习，确保学习朝着预设的学习方向进行，不会偏离学习目标；同时也提供了一定灵活的、弹性的学习时空和节奏。第二阶段是在课堂上，学生带着问题参与教学，课程内容包括集中的答疑解惑，小组的巩固、拓展应用、讨论交流，以及个别化的学习指导。课上课下都充分尊重学生学习的个体差异，教师根据每个学生个体的实际需要、学习进度进行精准教学指导。整个教学过程中，教师的教学基于学生的学习情况，提高了教学针对性。学生在课堂上是带着问题学习的，是真正意义上知识、观念交互碰撞下的学习，是真正意义上的深度学习、有效学习。

4. 基于大数据的评价翻转

学生基于数字化学习资源学习，可以留下学习痕迹，参与多种形式、不同环节的在线测试。学生在课下自主学习环节中，通过精心设计的在线检测系统，及时参与学习检测。系统给予及时的智能的在线检测结果后，学生可依据检测结果的反馈，调整学习策略。学习过程中的有效及时反馈，不仅为学生提供课上重点学习的分配依据，更有助于学生元认知水平的发展。同时，在线检测系统的检测结果及其分析，使教师能及时、全面掌握每个学生个体的知识掌握情况、学习进度状况、学习态度等信息。教师可以基于科学的评价结果，关注每个学生个体的学业成就和发展，从而达到精准教学的目的。教学评价结果是重要的教学可利用资源，在课前为教师提供学生的学习信息，让教师了解学生的起点，准确确定学生的最近发展区，探寻最佳的个别化教学方式。

二、混合模式的精准教学方式

（一）混合式教学方式

首先关于"混合学习"的概念，学者们从不同角度提出了各自观点。混合学习从本质上讲，就是在恰当的时间应用适合的学习技术与恰当的学习风格，对特定的学习者传递恰当的教学内容，以便取得最优的学习效果的学习方式。由此可见，教学设计人员、教师等要根据教育教学实际需要，选择恰当的学习方式，如传统课堂教学、灵活便捷的在线教学等，其终极目标是指向学生思维发展的高阶的、深层次的学习。

混合式教学体现在如下三个方面：一是混合式教学延展了学生学习时间，拓展了学生学习空间，使学习内容得以深化，有利于教育教学的灵活供给；二是开展多元化教学，满足学习风格不同的学习者的个性化学习；三是以学生为中心，加强学生自主学习能力和团队协作精神培养，培养学生的核心素养。因此，混合教学方式可以推动学生全面发展，成为精准教育较为理想的一种教学方式，同时，也能推进立德树人的根本教学任务的完成。

（二）融合式教学方式与精准教育的逻辑

1. 丰富的学习资源能满足学生多样化学习内容的需求

线下课堂的纸质教材、模型教具等实物教学资源，加上线上多种媒体教学系统、人工智能交互及可穿戴设备、虚拟现实的仿真系统等学习资源。其内容不仅涉及人文历史、天文地理等的社会文化、风土人情，也有虚拟仿真的自然科学相关的实验情境。同时，学习内容逐渐分级化、专业化、规范化，使学生既可以学习到中国传统文化，又可以领略到自然科学的独特美，从而满足学生的不同学习风格以及对不同专题内容、不同层级知识的多样化需求。

另外，随着互联网进入 Web 3.0 时代，基于自然语言交互的互联网更加智能化，且是立体全息的，可以为用户创建超强交互性以及高度的沉浸感和参与感，也就是当前人们热议的元宇宙（Metaverse）。先进的技术和优化的算法，包括沉浸式 AR/VR 终端、脑机接口、触觉手套、触觉紧身衣等先进设备，可以为用户提供更加形象逼真、更加沉浸、更多感官参与的虚拟现实体验。基于 Web 3.0 互联网的多感官教学法，充分满足了不同感觉通道学习的需求，不仅满足了擅长通过"看""听"学习的学生，而且满足了喜欢通过"动手"实践学习的学生。教师将感官的应用（如视觉、嗅觉、触觉和味觉）融入课程和项目设计中，满足不同学习者的学习需求。

2. 多元化的学习目标适应不同类型学生发展

多元化学习目标的侧重点在于适应不同层级、不同类型的学习者，使其在学习过程中主动建构知识意义。这种学习目标允许学生主动地去探索知识原理的获得过程。学生可通过多种方式观察现象、探索事物发展变化规律，作出有依据的结论，参与探索研究过程，从真正意义上理解知识的形成过程。多元化学习目标充分发挥学生的批判性思维和丰富想象的能力，基于问题情境，不断进行探索和尝试。混合教学的多元化学习目标设置，有利于促进培养学生的"科学精神"和"计算思维"能力。

3. 灵活的学习方法适应学生个性化学习风格

线上线下的融合教学，可以提供多种方式的"学习交互"：教室环境下的师生、生生实时互动以及头脑风暴可以充分激活学生的思维，尤其适合冲动型的学习者；线上各种平台、课程以及群组的学习共同体的实时、非实时交互，给予学生更多的思考时间，便于沉思型学习者充分地表达、分享和交流。同时，课前、课后的在线学习，满足学习者个性化的学习时间、学习节奏，甚至学习内容倾向，一定程度上满足了学生的各种学习风格。在线教学基于资源质量和访问方式的优势，可以采用更加灵活的、多种方式的教学活动。以短视频为主要媒体呈现形式，辅以精心设计的辅助资源，利用智能化网络教学平台，开展线上交流讨论和学习测试等教学活动，学生在线下课堂和在线网络学习空间，形成学习共同体和虚拟学习社区等。学生以沉浸式、自主探究式和小组合作式等方式进行学习，灵活的学习方式满足了学习者不同学习风格的需求，有利于激发学习动机，获得学习成就。

4. 真实的学习体验激发不同学生的学习热情

具身认知（embodied cognition）理论认为，个体认知与其身体发展、结构以及社会活动紧密相关。情境认知理论表明，知行相依，人的认知发展受其所处的物理的、社会文化环境中的各种活动的制约。情境性学习理论认为，在某种程度上，知识是其应用的活动、情境和文化的产物，是带有情境性的。因此，学习应该与情境性的社会实践活动紧密结合起来。基于互联网的混合教学模式就是让学习者在一定的情境活动中完成学习。传统课堂的实物、模型演示讲解，校外实地的实物参观、现场讲解，以及线上人工智能、虚拟现实的直接模拟和体验等多种学习方式，可以让学生获取多种学习体验，调动多种感官参与学习，适应不同学习者的不同学习风格和需求，进而真正激发其学习热情。

5. 虚实结合的学习环境适应学生灵活个性的发展

传统、单一的学校课堂的教学环境封闭、形式刻板，而混合教学模式的教学环境开放、形式灵活，可以更好地满足学生个性化学习需求。虚实结合的立体化环境打破了时空的限制，实现了学习空间的自由弹性，构建了更大场域的学习共同体，给予学生更多传统课堂不便于实现的实践机遇。学习共同体在平等对话交流中，分享学习体验、学习资源，师生整合学习时空，一起完成教与学的任务。

基于互联网的混合学习模式，应用 Web 3.0 技术创建三维的虚拟学习社区，实施基于虚拟空间的各种学科课程的项目学习，如模拟各种物理、化学、生物以及太空的实践项目，引导学生小组探讨，确定研究问题，并鼓励小组学生以科研团队的形式探索问题的答案。国外已经开发出用于教学的虚拟学习空间，如"第二人生"（Second Life）、"我的世界"（Minecraft）、Eco-MUVE 等，为学生提供交流和创造性解决问题的实践机会。虚实结合的学习环境是开放的，给学习者更多选择和实践操作的机会和空间，对于学生个性化学习、问题解决能力培养、智能时代信息素养和思维发展培养具有有效作用，使学生能够适应其灵活个性的发展。

（三）"互联网 + 基础教育" 立体化融合教学模式的构建

1. 教学模式的构建

基于"互联网 +"时代各种信息技术的快速发展及其在教育教学中的应用，如云服务、人工智能、大数据以及移动互联网等技术，以及"三通两平台"等硬件设施的建设完善，基础教育的技术环境为教学模式改革，即融合教学模式的构建提供了技术支撑。随着我国中小学智慧教育平台的开发，以及各地方区域基础教育公共服务信息化基础设施的搭建，优质基础教育教与学资源的共享性和可获得性大大增强，为融合教学模式构建提供了软件教学资源支持。教职工和学生信息素养的提升为教学方式变革提供了前提条件。教育供给多元化、社会化的发展趋势，为基础教育立体融合教学模式构建提供了政策支持和现实条件。社会对教育需求多样化和个性化与学校教育供给形式单一之间的不协调，为立体融合教学模式的构建提供了社会动力。基于此，本书在专家学者研究成果的基础上，建构了以精准教育为目的的"互联网＋基础教育"的立体融合教学模式，如图4-2所示。

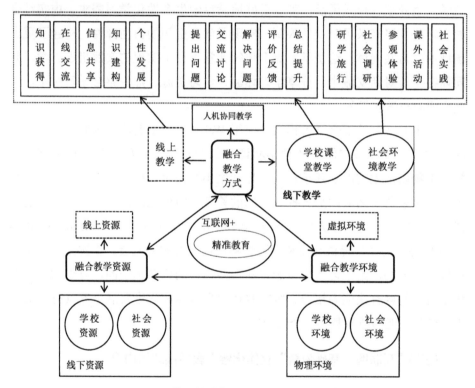

图4-2　基于精准教育的融合教学模式构建

2. 教学模式阐释

围绕精准教育目标中心，从教学方式、教学资源以及教学环境三要素分析，三者密切联系、相辅相成，实现了融合教学模式的基本构建。教学方式是教学过程、教学活动的具体表现形式。教学资源为教学活动的顺利开展和实施提供了必不可少的资源、内容支撑。由传统物理环境和在线虚拟环境混合构建的教学环境，为学生和学习环境交互提供了技术可能性，进而促进学生的深度学习。具体到每一种要素，都分为线下和线上两方面，同时融合学校与社会两方面的资源，极大地丰富了教学供给，从而使教学方式、教学资源和教学环境相互融合、相互支撑，共同构建融合教学模式。

（1）三维教学方式融合

基于"互联网＋"的教学方式的融合，体现在三个维度：一是线上教学、线下教学以及人机协同教学的融合；二是学校课堂教学与校外社会场所的教学融合；三是学校教师与校外相关领域的专家学者的教学融合。融合式精准教学，是由学生、教师、专家及其他学者组成的共同体，基于共同的目标，在教师和教师之间，学生和学生之间发生有意义的互动，并促进共同体成员之间进行对话和反思。在融合教学模式中，形成具有共同愿景的教师专家教研共同体、学生学习共同体，教师实现合作探讨、沟通交流；学生学习共同体促进学习内驱力、主动性的激发，从而提高学习效率。教师对于学生的学习起着组织、引领作用，帮助学生有效地实现个性化自主学习。

1）线上教学方式。

知识获得，这里强调个性化知识的习得。教学中，学生可根据自己的学习需求，通过互联网获取个性化知识。知识来源于学校教师、社会机构以及学习同伴等。

在线交流，这里指共同体在线交流。在学生学习过程中，学生可以通过在线交流建构知识、深化对知识的理解。学习共同体由学校教师、学习同伴以及社会人士组成，为学生提供个性化的交流指导。

信息共享，这里指学习成果、学习内容共享。学生就自己擅长的学习内容、学习研究的成果、探索的学习材料等学习资源，以各种形式进行网络展示分享，成为学习内容创建的主体。

知识构建，这里指个性化知识体系构建。学生结合原有知识经验，对新获得的知识，通过梳理、归纳以及整理等自我交互过程，将理论和实践相联，借助线上学习平台以及学习工具，如各种模拟课件、虚拟系统进行模拟实践操作，构建与自身认知一致的知识体系。

个性化的个体丰富拓展。完全独立自主的在线探索学习，可以促进学生良好个性知识、能力和素质的发展。学生可以通过网络搜索丰富的与学习主题相关的知识，观看实验、实践类课程视频资源，延伸学习空间，拓宽学习视野，实现线上学习与课堂书本学习的结合，查漏补缺，实现个性化发展。

2）线下教学方式。线下教学方式包括线下学校课堂教学和线下校外参观体验等教学活动。线下教学要与线上教学相互配合，有机融合，构建精准立体化教学方式。线下教学主要是在教师的精确教学指导启发下，在学习小组共同交流讨论中，在探索应用知识、解决问题的过程中，实现知识的内化和拓展应用。

第一，线下学校课堂精准教学。首先，教师提问引导，可以针对教学主题引导设计问题情境，让学生集中注意力发现问题，针对问题进行思考，学生可以带着对问题的思考进行下一步的讨论。其次，学生交流讨论，学生应用线上所学知识，就发现的问题进行分析思考、交流研讨以及课堂汇报。教师指导学生开展深入探究，引导学生发散思维，加深对问题的全面深层理解。学生逐渐养成开放思维，富有强有力的创造力。高度自主学习，有力地激发了学习者的学习热情和学习动力。接着，解决问题。学生汇报自己解决问题的方案和途径，教师对这些结果进行分析与指导，通过答疑过程，实现师生互动。教师根据学生汇报反馈的小组内成员的不同认知，进行及时的纠错、指导，进而促进学生的学习。再次，评价反馈。在教学结束以后，教师需要对学生掌握教学内容的程度进行评价，就提出的问题进行反馈，加强学生对该部分知识的掌握。最后，总结提升。教师引导学生抽象提炼学习要点，抓取事物本质，理论联系实际，应用知识解决问题。

第二，线下校外教育。这一教育形式有力地补充了学校教育，是构建良好基础教育生态的重要组成部分，对于满足中小学生选择性学习需求、培育发展兴趣特长、培养创新精神和实践能力以及拓展综合素质具有积极作用。有助于学生兴趣特长的培育发展、实践能力的培养和创新精神的塑造，对于学生综合素质的拓展具有有效支持。精准教育需要丰富的教育生态为基础。线下教育除了学校教育外，还包括政府出资的校外教育机构、社会公益校外教育机构以及校外教育培训机构等。另外，要挖掘社区的社会教育功能，增强地方青少年宫、实践教育教学基地的育人功能，加强公共科普教育、体育教育发展等公共教育的场馆等基础设施建设，通过线下校外的多渠道、立体化教育建设，满足中小学生的个性化发展需要，形成家庭、社会以及学校合力育人的生态教育系统。例如，中小学校充分发挥学校师资和学校场地等教学条件，积极吸纳引进校外教育资源，组织和挖掘学生家长的教育功能，丰富教育教学途径、拓宽学生视野、加强社会实践能力、提升和丰富学校课后服务能力和内容。

3）基于人机协同的精准教学。随着人工智能和大数据技术的发展及其在教育中的应用，让真正的精准教学成为可能。针对特定教学对象、教学方式和教学情境，可通过技术计算分析，向学习者推送精准教学内容和个性化教学支持服务。目前，人工智能在教育中的应用，主要集中于完成简单的学习任务和结构良好的领域。将来，随着人工智能相关技术的突破，人工智能技术可以更好地赋能教学，通过精准教学，加强学生思维品质和能力的培养。基于人机协同的精准教学将成为教学的主流方式，有利于学生核心素养的培养。

高琼等（2021）基于共同体理念，结合 AI 技术，构建了人机协同的初中数学课堂模型，该课堂模型根据教学过程分为三个环节：一是，授课教师根据课前的智能诊断学习分析报告，进行课堂的教学方案和学习支持服务方案的调整修订。二是，课堂教学过程中，借助人工智能实施个性化导学、智慧支持学习和协同学习研究。三是，课后精准评学，包括课中评和课后评，AI 根据诊断学、课中互助，从整体和个体两个维度给出评价数据，教师依据 AI 的评价数据，实施个性化作业设计，实现科学的精准教学。另外，上海市卢湾一中心小学基于信息技术与教育教学深度融合实施精准教学的探索与实践，基于顶层设计、体系化规划的信息技术设施，通过 AI 数据采集、数据治理、数据挖掘，实施"人机协同"的课堂教学改革。人机协同打开了学生兴趣点、学习难点、学习过程性数据的"黑匣子"，让课堂数据透明化，使教学方式、内容、评价等变得更加科学且有效率。

（2）融合教学资源

融合教学资源包括线上教学资源和线下教学资源。线下教学资源包括学校资源和校外资源。这些资源围绕精准教育服务，基于"互联网＋"的技术融合在一起。教育资源的融合共享在现实层面上决定着融合教学的水平，原因在于教学资源既包括物质资源，又涵盖人力资源。其中，线上物质资源是指在教育教学中被广泛使用的数字化资源，如教育教学案例、素材，完整的网络课程和虚拟仿真实验系统，教与学的各种工具。线上人力资源是指促进学生学习的一切人的资源，如学校主讲教师、辅导教师和学习伙伴，以及社会相关领域的专家、学者和学习伙伴构成的学习共同体。线下资源分两方面：一方面是教材、讲义、学习指导书等教学材料，以及教室等校内资源；另一方面是校外教学资源，随着教育供给主体的多元化和社会化，包括社区、企业工厂、各种协会等支持学校特殊教育活动的材料设施、人员成为线下的重要教育资源。线上、线下、校内、校外教学资源，基于"互联网＋"技术融合构建，形成开展精准教育必不可少的、有力的教学资源环境，有力地点燃了学习者的学习热情，提高了学习质量。

（3）融合教学环境

融合教学坏境的一个维度是现实物理环境与网上虚拟环境的融合，另一个维度是实现学校主体教学环境与社会辅助教学环境的融合。基于"互联网＋"技术支撑，实现教学环境的立体融合构建，特别强调对立体融合学习空间的设计。

1）物理环境与虚拟环境融合。从广义上讲，教学物理环境是指对学校教育教学活动产生影响的一切物质条件。这里包括两方面，学校物理环境以及社会物理环境。学校物理环境细分为教育教学场所、自然环境和时空环境，具体包括教室、实验室、图书馆以及食堂校舍等。社会物理环境是指学生走出校门踏入社会开展参观体验、社会调查等活动的场所时空等，如社区、工厂企业、各种协会以及实践基地等。虚拟环境是指网络学习环境，是相对于物理环境而言的，主要包括网络学习空间和虚拟现实学习环境。网络学习空间融合教学资源、教学支持服务以及教育教学数据于一体，支持数据共享、师生互动、教学创新的网络学习环境，可以构建学习共同体，发挥网络空间主渠道的作用。虚拟现实学习环境是人类借助计算机对现实物理环境与想象情境世界的模拟。协作环境研究者对其在教育中的功能进行了大量研究（Riedl，et al.，2003），如创建在线社区、提供协作环境等，将相当数量的用户联系在一起，实施实时与非实时的交互，基于各种媒体形式的交互，实施一对一以及一对多的互动，从而实现社会相关专业行业的人员融合于基础教育教学工作。

2）融合式的学习空间。以人工智能为核心技术的教育信息化时代，学习空间以生态化为理念建设，重视学习者及教师等用户的体验，突出多种课堂之间的交互支持，整个学习空间突出层次性。基于人工智能的学习空间设计，从环境、设施及技术方面体现包容性，满足不同学习者的需求；空间规划与布局体现层次性，使得一个学习空间中能同时开展多种形式的教与学的活动；基础设备和摆设具有层次性，基于人工智能技术，使得部分学习课桌和设备的高矮、占地空间、颜色等属性可以进行灵活调整；学习资源与学习支持的层次性，智能化学习空间可以针对学生的多元需求给予多层次指导与帮助；学习空间内外、学生与人工智能环境通过协同教学共同构成智能化的学习空间环境。

3）人工智能时代学习空间的设计。第一，空间规划更具灵活性、弹性，将开放式与区隔布局相结合，实现多种教学组织形式自由切换的环境支持，如讲授式教学、基于项目的探究式教学、实验教学、基于人机协同的小组合作教学等。智能便捷搭建相对独立的学习区域，促进多种学习方式活动的同时实施，可以有效阻断学生独立自主学习与小组合作学习之间的相互干扰。

AltSchool 的空间设计就是智能学习空间设计的典型案例，充分体现了学习空间对学习活动支持的灵活性。AltSchool 的设计师基于"个性化教育优先"的设计理念，致力于最大可能发挥学习空间的功能的设计与实践研究，提供多种学习活动形式的体验，关照学习者心理发展和学习风格的个体差异，使不同类型的学生都能切实感受到学习空间对其独特学习过程的环境支持。例如，设计实验室（Design Lab）是设计灵活的创客空间，支持从工艺品设计创作到大型科学实验等创客活动，既可支持开展计算机实验和大型活动，亦可作为午餐和室内娱乐场所使用。图 4-3 是 AltSchool 呈现的部分学习空间图，其中主要设施及其布局满足各种教学活动需要，通过设置相对独立的学习区域、添加隔断及隔音设施，实现开放式布局与区块化布局的自由切换。

图 4-3　AltSchool 中的学习空间布局

　　第二，物理环境设计与个性化服务相统一。基于人工智能时代的学习空间，注重学生与教师等用户的体验，可以实现个性化定制，满足用户的使用需求和兴趣喜好，凸显以人为本的学习环境设计理念。比如麻省理工学院的"局部变暖系统"（local warming），该团队研发的这套系统能够为空间的个体创设精确的适宜的个人气候，如图 4-4 所示。亦有个性化照明系统的研发案例。这些个性化的空间温度、照明、环境色彩都能对环境中的个体作出针对性的回应。人工智能技术的教育环境创设应用，将使个性化的物理环境与教学服务真正融入学习支持系统。

图 4-4　麻省理工学院研发的"局部变暖"系统

第三，智能化的学习空间陈设与个性化学习支持服务。人工智能技术赋能家具办公学习设备的设计，不仅能满足学习者良好的使用体验，同时可以智能化感知用户的使用状态，提供智能化支持服务。高度不同、色彩有别的课桌，可以根据不同学习者需求，进行层次化个性化布置。目前学习空间实践领域智能设备的主要应用有：满足学习者多种个性化需求的智能调节桌椅，支持不同学习姿势的需求，根据学习者的学习状态、生命体征给予实时建议，进而提升学习效果。可见，人工智能技术嵌入陈设为精准教育实施提供了物质基础。

3. 实施路径

本书以精准教育为目的，以"互联网 +"技术架构及理念为基础，以整合资源为路径，构建的"教学方式、教学资源、教学环境"三因素相互作用的融合教学模式具有广泛且灵活的应用性。教师可以根据实际的教学环境、可利用的教学资源、学生的具体情况采用不用的教学方式，为实施精准教育、发展学生能力提供不同的路径模式。设置学校物理学习环境为 LE1，社会物理学习环境为 LE2，虚拟学习环境为 DLE；线下学校资源为 R1，线下社会资源为 R2，线上资源为 DR；在线学习为 DL，线下课堂学习为 L1，线下校外社会环境学习为 L2，混合教学模式为 BL。由此可以得出，精准教育的融合教学模式实施路径主要有以下几条（如表 4-2 所示）。

表 4-2　精准教育融合教学模式实施路径

教学形式	实施路径	路径描述	备注
基础教学形式	线下校内课堂教学	此路径主要为学校课堂教学活动，利用学校教学材料与学生的教学互动过程，采用小组协作策略实现精准教学	LE1+R1=L1
	线下校外学习	学生的校外教育教学活动，利用学校外的社会资源，如社区、青少年活动中心、社会培训机构以及相关企业、行业协会等，开展校内无法实施的社会调研、实地参观、真实体验以及艺术体育等素养课程教学。满足学生的多样化学习需求，增强学生知识应用以及问题解决能力	LE2+R2=L2
	完全线上个性化学习	借助网络平台的数字化资源的正式学习或泛在学习。无法参加课堂学习或无法在课堂完成学习任务的补偿式在线学习。学有余力或者有特定学习需求的学生，在教师指导下，基于互联网空间的泛在学习，满足学习者个性化学习需求	DLE+DR=DL

（续表）

教学形式	实施路径	路径描述	备注
融合教学形式	应用虚拟学习环境的校内课堂教学	学校课堂学习中融入虚拟学习环境。扩展学习空间，拓展学习资源，使其立体化，为学生提供学习灵活性和自由度。教师学校课堂讲解、指导教学，学生虚拟空间的模拟操作、学习共同体集中讨论，深化知识理解应用，数字学习留痕，便于大数据分析，实现精准教学	$LE1+DLE+R1=BL$
	翻转课堂	翻转课堂模式。教师布置学习任务，设计开发学习资源，通过各种途径发布在线上。课下，学生借助网上丰富的学习资源进行自主学习，课上，师生通过交流合作，完成知识的应用和问题解决，尤其是重点难点疑点问题的突破	$LE1+DLE+DR=BL$
	校外混合项目式学习	校外混合的项目式教学。学习者根据校外教师发布的学习项目，提前借助线上丰富的学习资源或泛在资源检索，然后师生在物理环境中实施项目探索、实践，完成项目任务	$LE2+DLE+DR=BL$
	校内立体融合教学	此路径是多维生态环境与多维教学资源的融合，线下校内境与线上虚拟环境、网上在线教学与线下物理环境的教学相混合的多维度的构建，混合的学习环境和教学形式，对于开展精准教学、促进个体发展具有重要意义	$(LE1+DLE)+(R1+DR)=BL$
	校外立体融合教学	此路径是立体教学资源整合，物理环境与虚拟环境、线上学习与线下教学相混合，整合社会资源，教学路径，这对于丰富教育资源供给，实现精准教育具有促进意义	$(LE2+DBL)+(R2+DL)=BL$

三、精准教育供给模式的案例

为了落实国家关于"互联网＋教育"行动、基础信息化发展以及教育数字化转型等文件的要求，进一步深化教育领域综合改革，北京市尝试借助"互联网＋"技术，改革基础教育供给形式。教师利用数字化教学平台和测评系统，改革传统课堂讲授的教学模式，实施了翻转课堂、项目合作式教学、探究式教学和混合教学等多种模式的有益探索。通过优质线下教育资源的数字化，形成可供线上传输和共享的教育资源，拓展了教育资源的线上供给方式，为中小学校、教师和学生提供优质的教育资源和智力资源，有效促进了教育公平，缓解了教育发展的区域不平衡，提高了教学质量，有利于学生关键能力和综合素质的培养和发展。北京市应用教育公共服务平台"智慧学伴"，通过"互联网＋"技术和教育大数据的创新教育供给形式，提供混合式的精准教育服务借给。借助"智慧学伴"平台，跟踪学生学习轨迹，采集学生学习过程的数据，并进行数据分析，绘制学习者的认知模型，通过推理引擎诊断学生认知发展水平，据此为学生提供精准教育服务，包括个性化教学内容推送和针对性辅导等学习支持服务。教育数字化赋能教育改革发展，有效支持教师综合应用多种教学模式切实提高学生的综合素质和促进核心能力的发展。

虽然在新冠疫情缓和后各校陆续转为线下授课，但"云端教室"将长久不衰。未来学校将呈现"实体校园＋在线教室"的混合式组织。在未来信息化高度发达的背景下，富媒体模拟呈现出合作平等社会结构，将是万物互联、大数据渗透集成、智能技术融合，以 Web 3.0 时代的在线课程为基础的融合教学，一定会是以精准教学为核心的理想的人性化的教育服务供给。

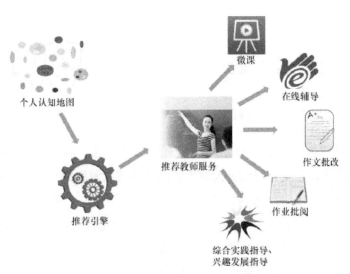

图 4-5　精准教育的流程导图

第四节　供给载体："互联网＋基础教育" 适应性课程研究

教育是为了促进每个学生主动、生动活泼地发展。课程是达成学校教育目的的重要载体，是学校组织教学活动的主要参考依据，集中反映一定的教育思想和观念。为此，课程位居教育教学系统的核心地位。我国教育家顾明远先生指出，课程不仅是培养学生的共同基础，也是满足学生个性化发展的自主选择。因此，他呼吁学校应该为学生个体的个性化发展提供适宜的课程支持，呼吁进行课程多样化建设，构建合理的课程结构体系，为学生的可持续的终身发展服务。2001年国家颁布了《基础教育课程改革纲要（试行）》，其中明确提出，改变课程管理过于集中的状况，实行国家、地方、学校三级课程管理，增强课程对地方、学校及学生的适应性。基于动态课程观视域，适应性课程是对课程的基本属性进行确认，旨在通过适应性课程性质来促进学校课程的重新建构，实现课程促进学生发展的功能，更加重视学生的个性化学习，为每个学习者提供适切的教育供给服务。

一、适应性课程的含义

（一）什么是适应性课程

关于适应性课程，目前学术界没有统一的概念。陈时见（2012）认为，幼儿园适应性课程是针对幼儿园统一、刚性的课程弊端提出，是一种整合性、综合性的实践课程。一方面，强调儿童发展的整体性，整合各种教育资源，确保儿童知情意行的和谐发展；另一方面，创设适宜的环境，强调儿童的实践活动。另外，在动态课程观视域下，适应性课程是一个动态的过程，以适应学生个体的特点，满足每个学生个体发展需求。

适应性课程是关注学生个体发展的动态活动的课程，是具有鲜活生命的课程。第一，适应性课程具有可选择性。适应性课程不再简单依据以年龄划分的不同年级设计制作，而允许学生根据自身不同的认知发展水平、学习风格和个性特点，选择适应个体发展的学习内容、学习过程和学习节奏，体现课程对学生主体的关注。第二，适应性课程的动态性。学生的学习进程受其认知发展水平、学习动机、学习方式和过程体验的影响。适应性课程随着学生的学习进程作出相应的调整，体现出对学生学习过程的关注。第三，适应性课程的不断优化和重构。学生是鲜活的生命个体，个体之间存在着巨大的差异，且每个个体都在进行不断的发展变化。适应性课程要能根据学生的近期学习结果进行重构，为学习者发展提供更优的课程供给，体现课程对学生发展的关注。

适应性课程能够为每个学生个体建构最适合其学业成功的课程，从学习进度进程、学习内容和学习方式上，是与学习者个体的学习需求相匹配的。总之，适应性课程的构建，不仅是设计课程，而且是设计课程与学习者之间的关系，促进个体的发展。

（二）适应性课程的适应性

首先，以人为本的课程价值观的适应性。一方面，适应性课程从本质上回归人发展的核心理念，促进每个个体的全面发展、核心素养的养成；另一方面，适应性课程的建设，能够从根本上推动学校、教育机构的课程从技艺型课程向个性化课程方向发展，撬动课程模式的真正变革。

其次，动态的课程的构建模式的时代适应性。适应性课程的构建模式与时代发展的之所处的社会发展、教育需求相一致。统一标准和静态稳定的课程适用于大规模、标准化的工业化时代，与后工业时代追求个性化、多样化以及灵活性的理念不一致。每个学生通过适应性课程才能得到学业上的成功，才是课程要实现的终极目标。

再次，课程内容可选择的弹性适应性。适应性课程是真正意义上的"以学生为中心的课程"，基于对学生的分析，充分考虑每个学生的学习状况和学习过程，为其提供一套丰富多样的个性化课程。

最后，基于交互基础上的生成性的课程的适应性。生成性课程具有弹性，带有灵活性、变化性与复杂性的特征。课程具有干预机制，可以在课程教育教学实施过程中，及时进行个性化调整。根据课程组成要素及各要素之间的关系，课程的适应性反映了学生与课程内容之间、教师之间的多元互动，课程学习的过程和结果之间的多元复杂性；教师与学生将基于动态课程，建构出各要素之间全新的动态协同交互的融洽课程模式。

二、适应性课程设计开发的课程组模式

远程教育专家奥托·彼得斯曾在自己的远程教育工业化理论中指出，在后工业主义模式影响下，远程教育的课程开发的大型团队模式将逐渐消失，取而代之的是灵活、短期的课程开发小组模式，小组成员均被赋予高度的责任和充分的自主权，教师的教育教学新理念、课程改革思路可以实现高效的贯彻和执行，满足学习者个性化、不断发展变化的课程需求。教授或者教师就是课程开发工作团队的成员，能够对课程的任何事情负起责任，不仅要完成课程的计划和设计，还要负责生成、发送、评价和对课程的持续关注。"互联网＋"背景下基础教育课程的开发，应该在国家统一课程标准的基础上，充分考虑适应地方特色、学校特点以及学生个性化需求，确定小型课程开发小组模式。这种模式对人员实施扁平化组织管理，每个组成成员具有高度自主权，在课程开发过程中，具有绝对的权利，对于课程开发过程中的任何环节都有改变和调整的权利，从而得以快速实现课程开发的整体改革，实现真正的弹性的适应性课程开发。

三、适应性课程设计开发的理论基础

适应性课程是在多种学习理论哲学思想兼收并蓄基础上提出的课程模式。首先，根据多元智能理论观点，提出基础性学习目标与选择性发展目标相统一的目标体系；其次，根据建构主义学习理论，学习是学习者主动建构知识意义的过程，为此提出了自主探究的学习观；最后，活动课程理论强调多元领域兼重的整合取向，提出了基础教育综合实践课程模式。

（一）多元智能理论

多元智能理论是由美国著名教育学及心理学家霍华德·加德纳提出，该理论认为，智力是复杂而多维的，每个人有 8 种不同的智能构成，即语言智能、逻辑 - 数理智能、空间智能、音乐智能、肢体 - 动觉智能、人际智能、内省智能、自然观察智能，每一种都很重要。个体所处的某一特定文化情境下或某种社群，对智力发展都会有影响。由此可见，个体在智力的组合方式方面以及所受的社会文化影响方面，都存在着明显的个体差异性。每个学习者均有各自不同的智能组合强项和劣势。因此，学校教育教学的课程设置，要从中观层面出发，为学习者发展设置多种可能的机会，进而促进个体多种智能水平的发展。针对个体在智能水平上的差异，发挥其优势智能，发展和弥补其弱项，从而促进学生的长项发展，弥补其不足的方面。适应性课程的动态性、生成性就是要切合学生个体的智能强项与弱项，满足个体多元智能的潜能发展。

（二）社会建构主义学习理论

根据社会建构主义学习理论对于学习的主要观点，知识不是教师通过讲解灌输给学生，学生被动吸收的，而是学习者与学习环境中他人通过平等对话、协商沟通主动获取的。也就是说，学习是个体通过与环境的相互作用，主动建构知识的过程。主动建构知识的过程中，学习者原有的知识经验帮助他们有效构建对客观物质世界的理解，从而获得新知识。基于建构主义学习理论，学校课程设计时，要相当重视学生学习的探究主题以及问题情境的创建，要创设适宜学生学习的探究主题以及相关的问题情景，以创造适宜学生主动探究的学习环境，让学生能够积极主动地了解知识、掌握知识。适应性课程的可选择性，留给学生主动探究的空间，便于其对知识的建构。

（三）活动课程理论

活动课程是以经验为中心的课程，自 19 世纪到 20 世纪初，美国实用主义教育学家杜威的研究奠定了活动课程理论的基础。杜威认为学校科目不是以某一学科为中心，而是以儿童本身的社会活动为中心。儿童通过大量的社会活动获得经验、问题解决能力，形成学习兴趣，培养科学的思想、良好的做事态度以及科学的思维方法，从而获得个体的全面发展。为此，活动课程理论倡导学生通过活动的形式获得发展。基于活动课程理论的学校课程要充分体现学生在学校的中心地位，创设丰富多样的学习情境，提供学生喜爱的、接近学生生活实践的内容，以吸引学生积极主动参与活动，促使学生在行动中不间断思考，在实践体验、探究发展的过程中获取知识，展开探索并且促进学生健康良好发展。这与适应性课程的以学生为中心的价值观相一致。

四、适应性课程设计开发的框架

21世纪以来，欧盟、世界经济合作与发展组织等国际相关组织的成员国，对各自国家中学生所需具备的基本能力素养进行了遴选和界定。中国在2016年9月研究发布了《中国学生发展核心素养》。核心素养是国家教育教学方针的进一步细化和具体呈现，上承接教育理念和培养目标，下连接教育教学具体实践，核心素养居于中间环节。核心素养的中介桥梁地位，把教育方针转化为教育实践中易于操作、便于理解的具体教育教学要求，规定了中学生应该具备的必备品格和关键能力。基于中观层面，阐释了"立德树人"具体立什么德，树什么人的本质问题，引领课程改革。依据《中国学生发展核心素养》（2016年版）的具体阐述，将适应性课程设计的框架确定为：课程标准制定、课程目标确定、课程内容选择组织、课程教学建议以及实施，以及这几个要素之间的关系。其中心出发点是学生的发展和成长。

（一）新课标中蕴含和反映适应性课程标准

新课程标准对课程的阐释，充分体现和蕴含了适应性课程的特征和标准。在学生观、知识观、课程目标、课程体系以及课程结构几个方面，都一定程度地表现出适应性课程的特征及形式。第一，新课标强调主动性、发展性的学生观。在新课标的描述中，学生具有丰富潜能和广阔发展空间，是具有主动生命形式的个体，具有"未完成性"。要使学生能够不断地"更新"，不断地超越自我，需要适应性课程的准确匹配，因此，新课标呼吁适应性课程。第二，新课标树立实践的知识观。学生主体在积极参与的过程中获取和掌握知识，这一过程实质上是探究性的、创新性的，亦是学生科学精神、创新精神的塑造过程。适应性课程强调引导学生在实践中学习，通过调查、探究以及质疑开展富有个性化的学习，使学生学会探究，追求创新。第三，新课标强调，基础教育课程目标需基于"知识与技能""过程与方法""情感态度与价值观"三个维度确定，并且需要注意三个维度目标之间的逻辑关系。课程要实现教育的真正价值，注重学生的全面发展，养成健全的人格。第四，新课标强调，基础教育课程应该全力追求的价值是促进学生全面发展和社会的进步。为此，基础教育课程内容体系要联系社会现实和学生生活实际，要积极开发并利用各种课程资源，满足学生的个性化需求，使原先不被重视的学生的情感、体验与智力获得处于同等重要的地位。第五，从课程结构方面，新课标规定的课程类型以及其相互关系，也充分体现了课程的适应性。基于课程内容固有的属性角度，课程分为学科课程与经验课程，学科课程让学生直接继承与发扬人类文明，经验课程让学生直接参与并获得对于物质世界的直接经验和真实感受体验。两种课程有机融合，满足课程内容组织的适应性。从课程的实施来看，通过必修课程和选修课程的不同主导价值，来满足学生发展的不同需求。必修课程旨在促进学生共性发展，选修课程在于满足学生的兴趣爱好。从课程的管理和属性看，划分出三种课程，即国家课程、地方课程与校本课程，凸显国家层面的教育意志、满足地方社会经济文化发展需求以及表现学校层面的办学特色。不同类型、不同层次的课程架构了一个均衡的课程结构。

（二）适应性课程目标体系确定

陈时见在《幼儿园适应性课程的理论构建与实施策略》一文中，构建了幼儿园适应性课程体系。基于此理论框架，衍生并构建基础教育适应性课程的目标体系结构。

学生发展、社会需要和人类知识是课程目标制定的主要来源，学生核心素养发展是适应性课程目标确定的主要依据，包括纵向和横向两个维度。

从纵向维度看，包括课程总目标、学科目标、学段（学年）目标、单元目标、课堂目标五个层次。课程总目标和学科目标是根据课程标准以及基础教育目标预先确定的，在制定目标时应考虑家庭、学校以及社会在学生教育方面的相互联系，通过学校教育，实现《基础教育课程改革纲要（试行）》（以下简称《纲要》）中规定的目标要求。因此，课程总目标、学科目标往往具有一定的稳定性。学段目标是根据学校课程的总体目标制定的小学教育和中学教育（初中）两个阶段的教育目标，各阶段又分为低学段、中学段和高学段教学目标。各学段教学目标之间应相互衔接，低段目标的达成为高段目标的实现提供支持，分步推进阶段目标的实现，进而确保课程总目标的达成。基础教育适应性课程采取学科分科课程和综合实践活动课程的方式。单元目标是针对学科课程的具体单元或综合实践课程的具体项目确定的目标，课堂目标是针对某一具体的课堂活动确定的目标。单元目标和课堂目标一般由教师制定，教师根据不同学段学生的需求和个性化差异，基于课程总目标和学科目标，本着支撑学科目标的实现而设计。相比之下，单元目标和课堂目标更为具体，且具有不确定性和变化性。

从横向维度看，纵向维度的五个层次，每层都可分解出横向目标。依据布鲁姆的教育目标分类理论，以学生个体身心发展为框架，将基础教育适应性课程目标的横向维度，分解为认知、情感态度以及动作技能三大领域，其中：认知领域目标涵盖知识的习得和认知能力的发展，情感态度领域目标涵盖态度兴趣、习惯养成、价值观念、社会性适应等方面的发展，动作技能领域目标涵盖动作感知、运动协调等动作技能的发展。横向维度中的每个领域的目标又可以根据其难易程度、复杂程度、抽象程度分为若干层次。

基础教育适应性课程的目标体系由纵向和横向两个维度立体构成。课程目标体系是课程设计和实施的基本前提和重要依据。但在具体课程实施过程中，还应根据具体情况，恰当处理好三种关系，即确定性目标和操作性目标、共性目标和个性目标、当下短期发展与未来长远发展的关系。

首先，处理好国家层面的确定性目标和学校层面的操作性目标的关系。确定性目标就是教育行政部门通过《纲要》等各种文件，设置规定的教育目标体系。这是国家及地方区域从整体发展的角度，对基础教育提出的要求。

在课程实施时，应当深刻领会此类体系性目标的本质含义，并严格落实其具体要求。所谓操作性目标，就是结合学校教育教学实际以及学生发展的需求，将确定性目标转化成学校教育教学的具体操作目标。确定性目标为操作性目标的确定提供指导，是操作性目标制定的参考依据；操作性目标是确定性目标的具体落实，也是确定性目标的地方化、校本化。其次，要处理好学生共性发展与个性发展的关系。这符合学生身心发展遵循一定的规律，但也存在个体差异的现实。虽然同一年龄段的学生在认知、情感、语言以及动作等发展方面呈现出一定的共性，但学生发展又存在差异性和独特性。为此，在遵循国家规定的共性目标基础上，学校教育针对的是每一个不同的学生个体，既要关注学生群体的认知、情感以及技能的整体发展，又要重视不同学生的个性发展，也就是本研究的中心——精准教育。最后，要处理好学生当前短期发展与未来长远发展的关系。要坚持正确的发展观、目标观，不能为了学生某一阶段的发展而牺牲学生长远的发展，更不能牺牲某方面的发展换取另一方面的发展，因为只有让学生个体全面发展，可持续发展，才是成功的教育。特别是不能忽视那些一时看不到作用但却对学生今后能产生积极影响的内容，如良好的道德品质、健康的身体和心理素质、科学的思维方式、丰富的情感发展等。

（三）适应性课程内容体系框架

适应性课程在国家课程、地方课程和校本课程的三级框架下，设置了共同性课程和选择性课程，并在分科课程的基础上，增设整合型课程的内容结构体系。共同性课程面向全体学生，是基础教育作为国家公共教育服务的必要条件，是学校课程的基础，确保所有学生得到基本发展。选择性课程针对个别学生群体，以及学生相应的兴趣、特长和潜能，设置深化课程；针对共同性课程学习有困难的学生，设置补救性的支持课程。其中，选择性课程设置灵活，根据学生需求、学校特色和整体规划进行弹性组合，教师在具体实施时还可以灵活操作。另外，在分科为主的课程体系下，增设了整合型课程，依据"现象学"，围绕相关主题，重设学科知识，构建学科融合式的课程模块，并以此为载体实现跨学科融合式教学。

1. 共同性课程和选择性课程相统一

共同性课程和选择性课程的设置，是对共同基础与个体差异、国家意志与个人需求、统一性与选择性、共性与个性等的兼顾。一方面，为教育机构以及学校提供完成国家课程基础上适应性课程的二次开发的契机；另一方面，为学校紧跟最新教育改革步伐、尝试将科学成果应用于教育实践，有效解决了课程标准滞后导致的问题。为学生的个性化选择留有空间。选择性课程的设置，既明确了其对学生个性化发展的意义与价值，也使选修课在课程体系中的地位和作用得以重新确立。实现了课程的分类多样与可选择性。

共同性课程主要针对全体学生的基础性发展，兼顾学生基础知识获得和基本能力提升，课程内容之间相互联系影响，满足全体学生的全面发展需要，即从认知、情感态度、身体技能等方面得到全面的发展。共同性课程主要由一系列学科课程构成，针对不同学段目标和学生核心素养发展，选择基础性的课程内容和课程活动。课程内容选择及活动设计体现了不同学段的特征。

选择性课程侧重差异化的学生个性化发展。特长发展类课程是以学校常态设置的社会实践活动、学生第二课堂、德育养成活动等为轴心，将主题活动设置成为学科课程的延伸、综合、拓宽。学生按照兴趣和自我发展需求进行自主选择，接受教师的连续指导，在学习共同体帮助下，基于学习资源自主学习。选择性课程强调学生的自主性、选择性以及弹性，旨在满足学生的个性化发展。选择性课程包括班内选择性课程和学校选择性课程。班内选择性课程是整个选择性课程中的一种方式。教师有意识地将班级活动课程划分为多个主题，各班相对独立，便于学生集中参与。学校社团选择性课程通常是以学校整个学段、年级或同年级为单位实施，跨越班级甚至年级界限，学生可以在更大范围内自主选择感兴趣的课程，课程的教学实施依据学校的整体计划和实际条件安排。

另外，我国基础教育质量在不同区域、地区以及学校之间差异明显，不少学生没有及时清除因各种原因导致的学习障碍，学业质量出现下降趋势，最终变得厌学、自卑，甚至中断学业。为此，要针对学习困难学生构建专项支持体制。在日常教学中，建立学习过程关注和预警机制，设计开发系统的学习支持服务，并且配备专业的指导教师，使在学习中出现问题的学生顺利获得及时、专业的帮助，为其后续学习、工作、生活打下坚实的基础，使他们拥有顺利完成学业、适时参与未来工作的机会。

2. 学科课程基础上的整合型课程体系

关于整合型课程体系研究最有借鉴价值的是芬兰基于"现象教学"的整合型教学模式。芬兰教育学者帕斯·萨尔伯格（Pasi Sahlberg）先生解释："学校应教授年轻人在未来生活中需要什么，而不是仅仅试图提高考试分数。"因此，学生在充分掌握学科知识基础上，需要在真实场域中学习运用相关知识、技能。根据我国中学生的核心素养需求，要求课程方案与核心素养的需求相契合，确保课程与教学有中心、成体系。芬兰提出的"现象教学"模式，主要采用整合教学（integrative instruction）的方式，引导学习者体悟不同现象之间的相互关系，联系不同学科领域的知识与技能，形成有意义的知识整体。这里的"现象教学"即事先确定一些讨论研究主题，然后围绕这些特定主题，将相关联的学科知识进行重新组织，形成融合学科知识的课程模块，然后以课程模块为载体，实施跨学科教学，这样的模块被称为"多学科学习模块"。这种整合型课程体系是国家整体规划设计的结果，充分考虑学校传统、地域发展特色、学生兴趣爱好，促进学课课程依据当前的话题，轮流渗透参与到学习模块中。其中具体课程目标、教学内容和教学实施由当地教育行政部门和学校的整体学年教学计划决定，确保每年至少有一个多学科融合学习模块。由此可知，采用围绕主题的学科融合教学模式，有助于学生跨学科素养的养成和发展，满足学生的个性化学习需求。

3. 借助信息技术的定制化课程内容设计

适应性课程具有动态性的特征。随着人工智能技术的发展，人才培养的教育目标发生变化，在重视学生知识习得的同时，更强调学生高阶思维、社会交互以及核心素养的培养，课程教学内容由统一的标准化内容转向个性的定制化内容。学生个体的学习课程、学习科目、学习内容将不尽相同。教育关注补短，更强调扬长，使每个个体都得以学业成功、个体发展以及追求卓越。具体而言，定制化的课程教学内容表现出三个特征：首先，教育目标导向的内容创建与开发。钟启泉认为，核心素养并不能简单地通过教师教授而获得，而是需要学生自己在问题解决的实践中加以培育。因此，为了促进学生核心素养的发展，要对学科课程内容进行重组和二次开发，解构以学科知识逻辑为中心的内容创建模式，弱化学科知识的原有边界，强化学科课程知识的融合。通过创建情境，设置真实任务，提升学生解决问题、完成项目的实践能力素养。其次，学生自主选择的课程范围更为广泛。基于数字化背景下成长的一代学习者，借助人工智能、虚拟技术的支撑，学习者自主探索、摸索的学习方式渐增。同时，学生兴趣爱好多样化和个性化逐渐凸显。为了践行全纳教育理念，需要加强课程的适应性，则校本课程、选修课程在整个课程体系中的地位更加凸显。学生自主选择课程、选择学习内容的权利将会得到进一步保障。最后，学科课程的个性化与定制化。所谓的个性化，即学生所学课程不再统一，存在个性差异，即使同一年级的同一门学科，不同学生的学习内容也不再一致。所谓定制化，即基于人工智能技术和大数据分析，打破传统的课程教学形态，同一课程中，针对不同学生，教师的教学方案、教学活动，学生的学习进度、学习内容可能完全不同，这种菜单式的定制化课程教学将成为一种常态。

（四）适应性课程内容组织

1.调整国家课程计划，提升课程适应性

适度保持基础教育课程中国家课程的弹性，可以有效提升基础教育课程的适应性。在严格执行国家对基础教育课程计划和标准制定的前提下，不同地域可以根据区域的地理气候、人文环境，对不同学段内的课程内容组织顺序、呈现方式进行调整，与当地生产生活实际相匹配，以适应学生的生活实际。如语文课本中具有明显季节特征的古诗词、课文，各地区可以根据学生所在地区的季节气候适当调整讲课顺序，使学生在学校课堂内学习的内容与生活的实际相一致。其次，根据学情特征，学科课程及其之间内容的相互依赖性，可以适当调整学科内容的呈现顺序。以小学一年级为例，按国家课程计划规定，小学语文、数学课程同步进行，虽然数学课本中的部分生字加注了拼音，但是，由于生字的困扰，很多小学生对数学学习仍表现出不适应。因此，某小学对一年级课程计划进行了调整，将第一学期三分之一的数学内容和第二学期三分之一的语文内容进行对调，同时，在确保两门课时的总课

时量不变的基础上，对语文、数学的周课时数量也进行了调整。该小学三年的教学实践改革表明，课程呈现顺序的调整，很好地弥补了一年级新生因识字困扰对数学学习的不利影响，减缓了学生的入学焦虑，一定程度上提升了小学一年级语文、数学课程的教学效果。

2. 循序进阶的课程分层呈现

适应性课程的目的是遵循学生的个体差异发展规律，适应学生的个性化发展，使每个学生个体积极参与学习以及完成挑战性的学习任务，从而获得学业的成功。英国教学改革的"主题分层课程"为适应性课程内容组织提供了参考。课程按主题组织，每个主题呈现在具体的情境中，为学生对学习意义的理解提供帮助。"主题分层课程"是学校根据学生兴趣、智力类型以及能力水平进行个别化分层教学的载体。课程分为可供不同类型学生选择的多个主题课程，每个主题分解为适应不同层次学生的课程模块，允许学生自由选择。根据学生对主题课程以及课程模块的选择结果的分析，学校调整甚至淘汰一些学生不感兴趣的课程主题以及模块，将工作重点聚焦在受学生喜爱的课程主题上。对于同一课程主题的不同课程模块，为不同层次的学生提供不同深度、广度的课程资源。主题分层的课程设置，为不同层次的学生（群体）提供适应其发展水平的课程内容：为学有余力的学生提供额外的拓展，使其不断超越自我，获得发展；降低了学习困难学生的学习负担，增加其学习的自信心和课程学习的参与度。同一主题背景实现了知识的整体性和融合性，也促进了不同层级学生之间的交流。

教师设计不同课程主题，采用分层教学的适应性课程模式。教师以课标为依据，以教材为参考，而不是唯教材为中心。学期初，同一学科教师根据学生的选择和特点，结合国家和地方课程要求，确定一学期的重要的主题，在整个学期期间，围绕这几个主题进行教学。当然，主题的规划也可以超越单一学科，实现跨学科的设计，这同时需要对教师和教研组进行管理层面的改革。学生在课程主题、课程层次模块的选择过程中，有与同学、老师的交流互动，有对自己的学习兴趣和学习能力的反思，间接培养了学生的交流沟通、反思的能力。同时，很重要的是增强了学生学习的元认知能力。在主题分层课程学习中，学生根据需求、兴趣选择学习内容，根据当下的学习能力和水平选择学习难度。学生的模块层次是动态和弹性的，学生亦可以实现跨层的走班学习。这种在必修课的基础上进行的适应性分层设计，使其具有了选修课程的灵活性和意义，给予学生更多的自由性和灵活度。顾明远先生亦引介国外的经验，提出可以设立不同层次的必修课，供不同程度的学生选择。这与主题分层教学的适应性课程的思路不谋而合。

五、适应性课程教材立体化呈现方式

从狭义的角度来看，教材特指学校教育所采用的教科书，是经过国家教育主管部门或者地方教育部门审批许可，向在校学生呈现人类发展所积淀的知识和文明的权威版本，是学科课程主要的物质载体，是教师教学与学生学习的重要媒介，是教师开展教学活动、组织学生学习活动的重要策略参考，在学校教育教学活动中具有不可替代的作用。教材是最为基础、重要的教学资源，是各国教育课程改革的理念、内容的集中反映，是教师教学实施或革新课程的主要依托。因此，教材质量是影响教学质量的重要因素。适应性课程的教材，为了实现课程的价值，应以数字化教材为主要载体，辅以纸质教材。

（一）纸质教材与电子教材相结合

电子教材不是传统纸质教材的电子化，朱彩兰（2017）将电子教材置于"数字世界""教学世界""现实世界"中进行审视，认为电子教材应该重点凸显数字世界的优势，严格尊重教学世界的科学事实和教学需求，认真遵从现实世界的科学管理与操作规则。于是，电子教材被定义为：集中体现国家教育方针、政策，遵循课程标准，以课程教学内容为基础，对知识体系进行深度挖掘和加工，用多媒体的手段实现教学内容的系统化、结构化和数字化，为了满足学习者个性化学习需求，从多维度、角度和感觉通道呈现教学内容和实现教学交互功能，便于学习者混合学习，可以实现多终端运行的电子读物。

电子教材拥有传统纸质教材无法比拟的优势，是适应性课程价值实现的有力支撑和载体。首先，电子教材有效整合多种媒体学习资源，是教学资源的精华版，不同媒体形式的呈现可以满足不同感官优势的学习者，适应其学习风格的特征。其次，电子教材的学习内容可选择，支持个性化学习。电子教材分模块独立设计开发，在保持学科内容系统性逻辑性的基础上，实现分章节灵活下载自由组合的功能。学习者可以自由选择，构建个性化的数字教材。在满足学生个性化、多样化需求的同时，还减少了其购买教材的经济负担。接着，电子教材拥有强有力的交互功能。可以促进学生与学习内容间的人机交互、师生间的人际交互，形成基于知识内容的学习共同体。最后，电子教材可提供有效的学习支持服务，如记录书签、随机标注、学习笔记、自测试练习、学习痕迹记录等辅助功能，同时支持跨平台数据更新、记录和追踪，实现了真正意义上适应学习者的个性化学习需求。

尽管教材的电子化正在逐渐成为一种发展趋势，但是很长一段时间内，各个国家的电子教材和纸质教材将呈现共存状态，且以纸质教材为主。另外，电子教材就是纸质教材的简单电子化的观点为人们所熟悉，短时期内不容易改变。国外很多国家（美国、法国、新加坡、马来西亚、日本、韩国、英国等）在电子教材领域进行了多项研发和实验，有的国家还大面积推广使用电子教材。电子教材的研发和应用成为国内外教育领域关注的热点和焦点，也将成为各国教材呈现形式的未来趋势。

（二）电子教材内容的套餐式定制

电子教材内容设计有别于传统纸质教材，除呈现模块化、层次性的特点外，教学内容具有一定的宽容度和冗余性，在具体的知识内容广度深度以及呈现方式上，具有可拆解的颗粒度。电子教材在遵循知识的完整性和系统化的基础上，便于学习者根据学习兴趣和需求、知识能力基础以及认知方式差异等，实现课程内容的个性化定制。电子教材可以实现学习内容选择的自适应，即依据学习者学习行为数据记录分析，自动生成适应学习者个体的学习内容组块；也可实现学习内容组织的自适应性，即根据学习者的学习风格、学习策略，自动生成适合学习者的内容组织方式；还可以实现学习者学习路径的个性化，即根据学习者认知水平的差异和学习风格的区别，提供适合的学习路径，引导学习者进行自主学习等；同时根据不同学习路径生成多种内容的布局格式，打破传统纸质教材的线性呈现结构，且不同版式之间可以自由切换。

（三）电子教材内容的多媒体化呈现

电子教材除了具备纸质印刷教材文字、图片的信息承载功能，还提供音频、视频、动画、3D 图形、虚拟现实情境以及其他支持学习的功能（如资料检索、多媒体导航、智能互动等）。多媒体素材可激发学生学习动机，促进其对知识的理解。系统的学科内容，采用多媒体形式呈现，学生可以获得多种感官的刺激。如物理、化学、生物等电子教材，通过视频、动画以及虚拟实验，演示在学校实验室不便操作的实验；应用恰当的互动型模拟工具，教学型游戏软件，促进学生理解巩固相关学科概念和知识。电子教材内的多媒体素材、学习支持工具，以及大量相关学科知识的拓展资料、实践应用、实时测试评价、各单元教学文档和素材，让学习者有更多可能开展深度学习。

采用超链接方式的学科概念、知识要点的超文本呈现，搭配图片的解释说明，可促进学习者的新旧知识交互，建构新知识的意义。对于阅读能力水平比较低的学生，多媒体的多种形式注释，有助于激发他们的阅读动力，缓解其阅读学习挫折感，提升其阅读理解能力；对于阅读能力强的学生，超链接的知识延展性，便于其学科知识的增加和拓展，有助于激发学生的学习兴趣、动机，发掘其学习潜能。数学、物理等自然学科链接的相关影像资料，为学生学习科学概念提供比语言文字讲述更为清晰具体的方式，并且可以实现学习异步化、个人化的学习进度。电子教材的多媒体设计呈现，给学生学习带来便捷和趣味，使他们享受科学之美。例如：通过富有趣味性和直观性的视频、动画讲述若干著名的历史人物和事件；利用电子地图的互动功能，呈现各个国家和不同区域的地理特征、风土人情等；利用思维导图概念网络、互动时间线，更加清晰地阐释概念、事件以及知识之间的关系；通过已处理版权或版权共享的超链接，让学生在虚拟环境下进行地理考察等。另外，电子教材丰富的教学内容和多样的呈现方式，打开了学生个性化自主学习的大门，教学情境中的教师，也要改变角色和定位，扮演学习者的学习伙伴以及知识学习和价值观的引导者、指导者，而不再是学习内容的传授者。

（四）电子教材的互动性结构设计

某种程度上讲，教学即互动。学生要在学习中获得学习知识的意义，实现有意义学习，学生与学习资源的有效互动就是重要途径。数字化、网络化以及智能化的电子教材为学生构建了一个便捷的教学互动环境。首先，电子教材的多媒体呈现形式，生僻字词、短语的注解、学科相关概念、拓展知识的超链接，便于学生多维度浏览、借助丰富的教学资源，弥补认知水平的不足，进行自然的与学习内容的模拟交互，有效促进学生有意义学习。其次，电子教材嵌套着互动资源和工具，设计了教师、学生教与学的"工具包"，形成持续、动态、可视化的教学设计、反思机制和路径，建立了支持学生发展的互动练习和高效评价系统。在电子教材中精心设计的交互功能，实现了学生与学习内容、教师以及学习同伴的交互，最后达到学生概念交互，进而实现深度学习。教学中，学生不仅可以实现与同班级同学的互动，还可以实现少量的跨班级互动。

（五）电子教材的功能多样化

电子教材不同于传统纸质教材单一教学信息承载传递的功能，基于数字化的电子教材支持教和学的多种活动。首先，电子教材在主体教学内容基础上，嵌入多种教与学的软件工具，如便于学生查阅的百科、词典等工具书，便于随时记录的电子笔记和书签，有助于深度学习的仿真虚拟实验室、自主交互式场景、拓展的资源网站，便于进行学习检验的自主练习操练系统、测评系统，以及具有开放、便捷存取特性的数据库等。功能丰富的电子教材，支持教与学的多种创新活动和个性化教学理念的实施。其次，电子教科书支持多终端应用，师生可以随时随地以适合自己的方式进行教和学以及师生交互等教学活动。电子教材不仅设计精良、内容丰富、模块组合自由，且支持多终端共享，为学生提供了多种学习方式，可自由切换不同的等级难度；电子教材的超链接功能，可以搭建丰富的跨学科的主题内容，为师生开展跨学科教学实践提供物质支撑条件。最后，电子教材的实时在线测评系统，实时的反馈有利于促进学生朝着学习目标方向前进，进而激发学习动机；教师可通过获取学生学习的全部数据进行课程设计的调整、学习支持服务的及时干预。

因此，对于经济发达、教育信息化比较成熟地区的学校，鼓励师生发展基于电子教材的教学改革，创新课堂教学模式。如开展个性化的分层教学，借助电子教材，鼓励学生进行自主学习，提高课堂教学效益。老师真正发挥指导和引导者角色作用，进行个性化辅导，对于学困生进行讲解，对于学优生进行引导；学生则有条件和机会发展兴趣，提升能力。对于经济教育等欠发达地区，实施优秀教学资源普及共享，进行跨区域、跨学校的教学帮扶和交流互动。

（六）电子教材实现多方互动教研

基于数字化、网络化的电子教材的互动性结构设计功能，教材可以扩大交互的主体范围，在师生交互基础上，扩展教师与同行、专家、教材编撰者的互动，便于教师获取专业成长的支持服务。

第一，基于电子教材的教师同行互动，实现教师实践性知识的交流、共享。教师的实践性知识不能通过讲授等方式进行传播，因为这部分知识具有默会性和经验性的特征。具有网络化功能的电子教材构筑教师研究共同体，设置具体的"相关内容""相关活动"模块单元，教师同行之间可以以案例、问题、项目以及竞赛等为中介进行互动。例如：就相关教学内容或教学活动环节，基于案例互相分享设计思路。在此过程中，默会知识逐渐显性化、社会化，同行之间互相分析、理解案例课程的设计理念，通过模仿应用于自己的课程设计中，并以不同切入方式对案例进行再次分享，完成教师实践性知识的内化。教师等特殊行业的默会知识的转化（外化、内化等）需要对应工作场域的支持，电子教材具备构建教师实践性知识交流、分享的场域，为教师同行之间的知识共享和建构提供物质条件保障。

第二，基于教材的教师与专家（学科专家、教材编写参与者、骨干教师）互动，提高教师的专业发展，尤其是教研能力，增强专家研究与实际需求的适切性。学科专家提供理论指导，如围绕案例、教学改革、教材二次重组等作出深度点评、解读，使教师教研由表面浅度尝试进入实质性的深度挖掘。教师与教材编写者对教材剖析交流，依据教材的教学设计问题进行深度交流，促进教师对教材的科学应用。一线教师与教育研究专家的交流，提升了教师的教育教学研究能力，促进其发展成长为研究型教师，同时，也为教育教学研究专家调研最真实的教学实践提供途径，有利于专家紧贴教学实践，进行有利于促进教育教学实践的研究。

基于印刷教材的教学中，教师交往活动的频次、深度、时效以及范围都受限。基于电子教材的技术和设计的天然优势，教师交流的主体范围扩大、交往的内容丰富多元、交往的形式多样便捷，从而促进教师专业发展的需要。

（七）电子教材大数据教学评价

嵌入大数据应用的电子教材，既关注学生整体表现，又关注学生个体学习成效。电子教材超越传统纸质教材的教学内容呈现功能，将教师与学生使用电子教材产生的各种"教"和"学"的数据储存在云端，实现跨终端的访问。借助教育大数据挖掘技术以及学习分析技术，可以将教与学过程中生成的数据整理成有价值有意义的信息，一方面，对学生学习过程进行多元性、深层次的数据记录和评价，便于促进学生的个性化学习。首先，为适应性课程的动态调整提供科学依据。其次，深度挖掘影响学生学习效果的内外因素，如学生个体学科知识存在缺陷的探查、学科学习能力的评判以及学习目标达成的预测等，为学生提供针对性、个性化学习支持服务，如推送补救性的个性化学习资源，个性化的学习共同体组织以及专题性个性化的学习社区推荐。最后，提供学习分析工具，促进学生元认知策略的形成，进行深度学习。

另一方面，对教学的过程性评价，便于教师及时调整教学决策。电子教科书嵌套的在线评价系统，提供了丰富的学生评价方式，融合整体测量与自主测量、在线题库测验评价、日常积累打卡评价、游戏闯关评价等。多种评价方式为形成性评价的实施提供了有力的技术支持，可以及时了解学生的学习情况，为教师实现全面评估和实行科学决策，及时调整教学方案、实施精准教学等方面，提供科学有力的支持，推动数据驱动的精准教学和精准学习。

六、适应性课程实施策略

课程实施是课程开发过程中一个主要步骤，也是一个重要步骤，关乎课程创造的价值实现。是一个课程理念、设计方案向课程实践转化的过程，这个转化过程，涉及的相关人员复杂，要求其通力协作，基于课程设计理念，以及与课程的思维模式一致的行为模式，将课程设计方案落实到课程的具体实践过程中。

（一）多部门协同合作

课程的改革与实施，需要社会相关者的普遍接受才能推进，需要多部门的协同合作，教育部、地方教育当局、学校、学生家长以及其他社会教育培训机构之间在适应性课程改革的推行中各司其职，确保精准教育教学得以顺利开展。在适应性课程改革实施中，就各部门的具体职责而言，国家政府具有核心推动作用；地方教育当局要起到助推、指导和监督落实作用；学校以校长为首的管理层要高度重视，全面部署，实现校内的制度化，将精准教学的实施与教职员工奖励机制挂钩；教学的主体是学生，学生在成长过程中受家长的态度影响最大，学校通过加强家校合作，获得家长对精准教学实施的支持，从而推进精准教学。

首先，国家政府从法律、制度保障层面，确保精准教学顺利实施，如可以从法律角度明确精准教学的合法地位，从宏观制度层面，确保精准教学的落实，甚至为开展精准教学的机构提供相应的政策支持。其次，教育相关人员应当更新基础教育的旧有观念，用发展的视角看待精准教育这一教育形式，从教育公平和学习者个体发展的角度，理解精准教育。社会教育研究机构、社会办学力量应该积极投入精准教育的科学研究和事件当中。媒体传播机构应当以客观、公正的视角，看待评析创新改革发展中的精准教育，从正面角度、客观态度报道其存在的问题，在整体社会层面形成一中积极研究探索的教育生态环境。最后，家庭在学生成长过程中的教育作用相当重要。每个家庭都应为孩子学习提供良好的学习环境，以正确的教育观念影响学生，充分相信学校及教育主管部门在精准教学实施阶段的决定，不为一己之私干扰精准教学，多提宝贵意见；在实践行动中，参与学校的精准教学相关工作，如积极参与学校对孩子的多种测评，以科学数据支持的客观公正心态看待自己孩子的能力。

（二）自适应学习技术为核心的信息技术支持

自适应学习技术的本质追求是个性化学习。近十多年来，国内外研究者主要聚焦于自适应学习技术对于精准个性化教学过程的支持、学习过程的调适和干预改进。自适应学习技术重点关注学生的个性差异以及学生自我调节学习能力的培养。人工智能教学系统和自我调节学习为个性化学习的干预辅助提供了技术保障，学习分析技术对学生个性化学习的过程中产生的数据进行采集，对学习过程进行监控。卡斯特利亚诺斯 - 涅韦斯等（Castellanos-Nieves, et al., 2011）根据学习者的个性特点和学习风格偏好引导学生的自主性学习和探究性学习，通过设计知识库、规则库和教学库等提供个性化的课程与教学。在丰富、庞杂的网络学习资源环境下，挑选适合中小学生自己需求的学习资源成为难点，自适应学习技术可以有效解决此问题，其中的个性化学习推荐系统、自我调适学习、适应性超媒体系统以及决策树等主要信息技术的发展，使得丰富庞杂的网络学习资源得以个性化精准配置，创新的网络化学习的个性化调整功能。

（三）充分发挥学校等教育机构在课程实施中的主体性

学校是适应性课程改革的场域，是精准教学的"主战场"。学校管理层应当切实履行好其组织、管理方面的职责，为一线教师在教育实践方面提供强有力的物质和文化环境支持，分担教师课程改革带来的各种压力，从制度层面保障精准教学的实施，将"精准教学"与学校、教师和学生考核联系起来。在精准教学的实施过程中，学校要立足学校办学实际以及学生特点，积极主动与校外相关机构合作，如教育主管部门、高校及科研机构、兄弟院校、相关企事业单位和其他社会培训机构等办学力量。

作为适应性课程改革实施的主战场，学校要紧密围绕本地区本校实际，贯彻课程的基本理念，遵循基本原则，开展精准教育教学。课程改革、精准教学是在具体的社会文化背景和动态的教与学活动情景中展开的。因此，宏观而言，课程教学要结合本地区的自然环境、传统文化环境以及社会经济发展水平展开；微观而言，在遵从国家课程标准前提下，学校要根据学生发展的要求，以及学校自身的发展实际，如学校的教育环境、物质条件、师资队伍、办校传统等因素，开展课程教学改革。鉴于课程教学的动态性，教师不仅需要预设课程内容，还要伴随教学活动进程，特别是学生的兴趣、需要和掌握程度，在课程的内容和方式方法上作出相应的调适，要依据学生的心理发展规律和实际需要，进行课程的生成性教学。因此，高质量的课程教学实施是一个不断创造的过程，需要学校、教师和学生共同创造。

（四）注重教师的专业培训和专业成长

教师是课程教学改革的执行者，教师的职业素质是课程实施成效的关键。精准教学对教师素质提出更高要求，教师需要树立科学学生观、教育观，落实个性化教育理念；教师需要高尚的师德和专业的能力，以客观、科学、公正的态度评价学生，避免个人主观情感的影响。为此，教师要树立立德树人理念，提升教书育人的职业素养和能力，加强"精准教学"育人理念和理论知识的学习，并在实践工作中理论联系实际应用，在发现和解决教学问题过程中，提高教师个人素质。

教师要深刻理解和实施个性化教学。从关注大多数中等生发展为标准的学生整体发展，向聚焦每个学生个体发展的精准教学转变，需要教师从教学内涵到教育的价值取向进行深刻变革，对基础教育教师尤其是一线教师较为困难。教育改革教师先行，通过不同层次、多种形式的专业培训提高教师课程教学改革的适应性。首先是组织学校领导和老师积极参加课程改革的专题培训，激发参与课程改革的意识和积极性。其次，从不同角度，组织专家开展政策解读型、理论引领型、方法指导型的多种讲座，强化针对性的校本培训，增加分享经验交流的研讨会、教学观摩、以及典型改革成果的考察学习等培训活动，让老师在区域性的整体改革的氛围中持续学习。再次，要重视教师的数字素养提升，尤其是创造性应用公共资源的能力，如国家中小学智慧教育平台的课程资源，是提升课程适应性、灵活性，保障精准教育课程质量的有效措施。最后，加强学校教师地域性课程资源的设计开发和应用的培训。精准教学，需要丰富的国家课程资源的有力支撑，也需要地域性课程资源的有效开发利用。充分利用民族和地域文化资源，可以成功完成地方课程、校本课程的教学，既立足学生的生活实际和学科现实，又融入了民族特色文化，有助于培养学生的民族认同感和国家认同感。因此，培训教师有效开发和利用地域性课程资源、地方文化，成为提升适应性课程和精准教学质量的重点。

第五节 教师团队："互联网 + 基础教育"教师团队合作研究

教师是教育发展的第一资源和国家建设的重要基石。基础教育教师队伍的整体素质直接影响着基础教育的质量，关乎基础教育改革的进程，是推动基础教育发展的关键因素。

飞速发展的信息技术与教育的深度融合，社会经济发展对教育的新需求，使教育正在发生着重大变革。教育价值越来越多元化，教育模式越来越多样化，教育场域越来越泛在化。身处变革的时代，教师不再是知识的权威，面对复杂的教学情境，教师不再适合孤军奋战。加强教师团队合作是提升教师专业发展的重要途径。学生核心素养的培养，基础教育课程融合的教学改革，学科课程德育教育的渗透，都需要学科教师的团队合作。教师掌握最鲜活、最专业的知识，在教育实践方面是最具有发言权的教育主体，在精准教学供给方面承担着关键角色。

一、教师团队合作的必要性

（一）教师专业发展的需要

基础教育是针对所有学生的国民基本素质教育，为提升全民素质奠定基础，为适龄儿童和青少年开展终身学习和参与社会工作打下扎实基础，为国家经济建设培养各级各类人才，促进社会建设和发展具有奠基性作用。教育发展，教师为先。造就一支师德高尚、业务精湛、结构合理、充满活力的高素质专业化教师队伍，是基础教育持续健康发展的关键。

要实现全体教师的共同发展，除了职前师范生的培养外，学校应有在职教师职业发展视角，基于信息技术网络环境，通过资源共享、协同发展，构建教师发展共同体，从而实现全体教师的捆绑式、连带式发展。在原有的教研组、备课组等教师团队基础上，依托学科教学、课程教研以及课题项目研究等，多角度、多维度地打造优秀的、较为稳定的教师团队，如学校名师工作室、学科教研团队、信息化教学研究团队、青年教师自主成长团队等。各教师团队除了考虑成员的兴趣爱好、学习风格等外，还要注意学科、年龄、职务以及职称等各方面结构的合理性。

教师团队建设旨在促进教师专业发展。因此，学校要创建环境进行教师团队建设，制定教师团队建设规章制度，纳入教师考评；组织教师培训、外出参观学习；组织多样化团队竞赛活动、项目申报活动，打造凝练团队。教师在制度约束下，在优秀团队的影响下，在各种团队活动的深度交流融合中，逐渐形成团队意识，并成为教师个体内在专业性提升的动力。

（二）学科融合与学科德育融合育人的需要

随着社会发展，人才培育的内涵越来越丰富，培养全面发展的、个性独特的、批判意识强的学习者，使其具备建构学习意义的意识和能力，成为教育的主要目的。教师工作的融合性和复杂性越来越明显，教师个体的知识结构、能力水平很难满足新时代人才的培养需求，这就要求教师团队合作，综合育人，培育具有综合能力的人。

1. 学科课程的融合与教师团队合作

我国基础教育课程改革强调，要加强课程内容与学生生活以及现当代社会和科技发展的联系，关注学生的兴趣和生活经验，精选终身学习所需的基础知识和技能。基础教育课程改革，尤其是小学和初中，强调进行课程融合，注重课程整体设计，考虑教学内容的综合性、连续性和协调性。术业有专攻，基础教育教师个体，只能在某一方面做到精通和专业，如某个学段的学生身心发展规律和特点的掌握，某个学段学生的教育、引导和指导，而对于其他学段的学生及其教育就不够专业；某一学科或某类学科的专业知识精通，如语文以及相关学科的专业知识、专业思维以及专业能力达到一定的深度和广度，而语文之外的学科就不太擅长。另外，信息技术发展日新月异，信息技术的教育融合越来越深入。不能期望每位中小学教师都是全能型选手，深谙所有年级学生的身心发展特点和规律，博学所有学科专业知识，精通教育教学的信息技术知识技能。因此，要想满足基础教育课程融合的改革需求，合理可行的方式是教师团队合作，而不是把中小学教师培养为全科教师。

2. 学科德育融合与教师团队合作

为了强化基础教育德育工作，2017 年教育部专门印发了《中小学德育工作指南》。该指南强调，要充分发挥学科课堂德育教学的主渠道，将基础教育的德育目标分解落实到学科教学目标中，融合渗透到学校教育教学的整体过程中，紧密围绕德育目标，联系学生生活实际和学科课程性质，深入挖掘课程思政元素，提炼课程思政内涵。同时，充分利用大众时政媒体资源，精心选择教学内容，设计优化教学方法，提高学习者的道德认知，注重学习者的情感体验，强化其道德实践。因此，只有基础教育学科教师与思政教师、班主任教师通力合作，创建一体化、融合式学科、德育教育环境，才能真正实现德育为首的基础教育。

学科教学与德育的分离是造成德育的低效性的重要因素之一。要达成国家立德树人的德育教育目的，提升学校德育效果，要在学校教育教学的方方面面、各个环节融入德育工作。学科课堂融入德育、课下各种活动渗透德育。德育不仅班主任的工作，更是学科教师的责任，亦是每一位教育工作者的责任。德育不仅在每周的主题班会课上专门讲，还要在各个学科教学和活动中以润物细无声的方式渗透。

（三）新课程实施的要求

随着基础教育新课程改革的实施与推进，课程融合教育、信息化课程教学、地方课程资源创建、校本课程建设等一系列改革和研究问题，促使教师团队合作的形成。每一项教学改革的实施、推进，无论是教育教学问题的提出，还是相应问题的解决，仅靠教师个体的知识、经验和能力，很难高质量完成，甚至无法解决，它需要教师组成团队，相互合作。在教师团队合作中，每位教师成员发挥各自专业、经验等方面的优势，在有效沟通的基础上，实现优势互补，运用集体的智慧推动基础教育新课程实施，开展与课程改革相关的课题或项目的研究。因此，教师团队合作是践行新课程改革要求的必由之路。

二、教师团队合作的理论基础

（一）群体动力学理论

社会的健全发展有赖于群体的作用，科学的方法可以改变群体的生活，这是群体动力学坚持的两条信念。群体中各成员扮演不同角色，组成成员的相互作用能产生群体动力。领导者是群体中的核心且是最有"力量"的人，在制定计划、进行组织、整体协调、相互沟通、恰当指导、适度激励、工作团结以及考核等多方面发挥功能；群体的整体目标起着引导群体发展方向的作用，使成员为了共同的目标投入时间及精力；兼具不同背景、生活环境、人格特质、价值观的成员使群体的生命力源源不绝；群体的环境（物理、心理以及人文）对群体发展产生影响；群体的大小、规范和吸引力等结构决定群体成员联系的紧密性以及凝聚力。

群体动力学的基本理论从五个方面进行分析：第一是群体内聚力。内聚力影响每一个成员并促进其参与群体活动。主要影响群体成员的责任性行为、价值取向的统一性、安全感的获得以及生产力的提高；第二是群体压力或群体标准。群体作为整体对个体成员的思想和行动施加影响，个体受群体压力的影响，倾向于与群体其他成员行事保持一致。因此，群体压力直接促使群体成员行为保持一致性，亦称之为群体标准。第三是个人动机和群体目标。群体的目标是群体存在和行动的理由，很大程度上决定了群体的方方面面，比如群体的行为，群体价值的发挥，群体成员的态度、信心及其对群体的依赖性等。研究表明，群体成员的个人动机需求与群体目标一致时，会努力工作以求群体目标的达成。第四是领导与群体性能。群体领导者的素质、领导作风影响群体的整体性能以及群体生产效率的高低。领导方式对于激活群体成员的内在活力具有重要作用。第五是群体的结构性。稳定的群体成员之间的关系布置，意味着群体本身拥有一定的结构性。群体结构塑造群体成员的行为处事，可以解释和预测群体本身的业绩。

（二）学习型组织理论

20 世纪 90 年代，学习型组织理论在管理实践中发展起来，《第五项修炼——学习型组织的艺术与实务》（Peter Seage，1990）一书作了系统阐述。该理论强调组织的自由开放，重视组织持续的、与时俱进的、不断调整的学习特质。学习型组织是一种系统有机的、高度柔性和扁平化的、符合人性的组织，具有持续学习的能力。学习工作化、工作学习化是学习型组织的最鲜明的特点。

学习型组织理论注重组织五个方面的研究。第一，塑造组织成员不断自我超越意识。这种自我超越的意识和能力是保持组织旺盛持久生命力的源泉。组织愿景的实现有赖于组织成员持续产生的"创造性张力"。第二，改善心智模式。组织成员要持续向组织内部、外部学习，完善自己的心智模式，心智模式直接反映着个体的思维习惯、思维品质、思想意识和方法以及心理素质。第三，建立组织共同愿景。它为组织的学习提供方向、重点和动力。源于组织成员个体愿景基础上的共同愿景，可以形成组织强大的凝聚力，推进组织不断发展。第四，做好组织团体学习。团体学习有别于个体学习，它基于团体成员"自我超越"以及组织"共同愿景"基础上，通过成员之间的"深度会谈"与"讨论"，实现团体智慧大于成员智慧之和的效果，以提高组织的竞争力。第五，运用系统思维模式。这一点强调借助系统思维研究和解决组织问题。透过现象剖析问题本质，基于组织整体角度分析问题，抓住关键问题，从根本上解决问题，这是一种方法论更是一种综合能力，需要通过持续的组织学习才能积淀而成。

教师团队从本质上讲，就是一种典型的学习型组织，需要持续学习和不断优化。学习型组织理论为教师团队的建设发展提供了一种行之有效的理论指导。

三、教师团队合作的基本理念

（一）学生个性化发展的共同愿景

共同愿景是推动教师团队合作发展的凝聚力，是教师团队合作发展的动力。教师的工作对象是一个个具有个性、能动性、可塑性的青少年。教育教学是创造性很强的工作，需要教师发挥智慧才能，对每个学生个体的教育教学问题提出针对性策略。教师团队的合作发展，需要一个共同的目标来指引。教师的教服务于学生的学，教师专业学习与发展的价值在于提高学生的学业成就水平。"对教师专业学习是否成功的判断，基于教师对于新的教学策略的掌握程度，并取决于上述学习对于教师教学实践及提高学生学习成就影响程度的大小"。精准教育就是"以学生为中心"教育理念的实践探索，不仅要确保班级大多数中等学生的发展，而且要为促进每个学生个体发展而服务。因此，学生个体的学业成就是评判教师工作成果的核心依据，也是教师团队合作的意义和价值。教师团队合作一定要以促进学生个体学习、激发每个学生潜能为己任，以学生的身心全面发展及核心素养养成为共同愿景，共同改革教学实践，实现全体学生在全面发展基础上的个性化发展。

（二）开放共享知识与交流经验

开放共享知识与交流经验是教师团队合作的基本路径。首先，教师实践性知识的缄默性、情境性、柔性以及个人化，需要教师团队成员在实践情境中，开放共享、深度交流，发挥其实践应用价值。教师的实践知识是通过教学实践和加工而成的，是一种依托教育实践场景存在的活生生的、充满柔性的知识，是经过教师实践主观解释、应用和深化理论知识，在处理教育教学困境中，构建的综合性知识具有缄默性，存在于教师个体。在传统型教师的认知思维中，教师同行的相互竞争或者文人相轻的思维习惯，使教师之间共享知识与经验成了一件极为困难的事情。

教师团队的组成从本质上讲是形成了一个知识共享的平台，打破了传统教师的单一竞争关系，建立了平等合作的工作氛围，以实现团队的共同愿景。

在教师团队中，资深教师传递教学经验、帮扶新手教师的成长，新手教师基于新型教育理念，创新教学实践，使教学团队既总结传承了优秀的经验，又保持了积极创新的发展趋势，成为一个真正的学习型教学团队。团队新老成员以开放、共享的心态对待他人的观点，特别是与自己意见相左的观点，逐渐完善各自的心智模式。

（三）积极包容性互动

团队成员之间的积极深入互动是教师团队合作成功的保障，是教师团队合作的主要方式。团队成员的深入合作是建立在相互信任、相互欣赏、包容开放的理念态度上的。在推动教师团队共同愿景实现过程中，团队成员之间能提供高效率和高质量的互助，如彼此交换教学数据、教学资源、教学经验等。教师团队成员就共同教育教学事务提供实时、客观反馈，以便提高成员完成任务的质量和责任心，相互本着对事不对人的态度，相互质疑解释观点、问题、方案以形成科学正确的决策。

教师团队成员之间的互动要包容、深入、有效。首先，团队教师要相互包容。在团队探讨教育教学问题时，团队教师成员就自己独特的理解作出充分表达，面对异质思想时，能积极转换角度理解对方观点的含义及本质，且对团队教师的一些关键性不同意见，要足够重视和进一步交流，充分理解对方的意见，能够针对意见作出概念性的修正与完善。其次，团队教师要深入交流。团队成员要有强烈的团队意识，一个成员发现问题、出现困难时，有向团队提出共同研究的意识；其他团队成员对于问题有比较成熟的、可借鉴的建议时，也要及时提出来供大家探讨。最后，团队教师要相互监督，确保互动的有效性。在团队活动交流互动过程中，当团队成员的讨论偏离主题或讨论无价值的信息时，其他成员有责任进行适时引导，把握研讨的方向和重点，确保研讨的效率和质量。

（四）反思性对话

反思性对话是促进教师团队合作的关键，是实现教师团队合作的重要保障。反思性对话包括三个维度：与团队教师成员对话，建立教师伙伴关系；

与教育客观世界对话，构筑科学世界；与自身教育经验对话，反思构筑自身知识体系。首先，与教师伙伴对话时，善于倾听他人观点，理解他人想法，关键要理解表面言语后面的深层含义，体悟他人话语的情感意义等，最终形成理解与支持的对话关系。其次，与教育客观世界对话，要大量学习教育教学理论知识，尊重学生身心发展的客观规律，间接吸收教育教学知识，为教学实践、课程改革储备理论基础。最后，与自身对话即为教学反思，反思自身教育教学行为，如自身的优势、不足，自己取得的成绩以及欠缺的东西等，在不断的持续反思中，提升自身素质，完善自己的教学行为，促进教师团队发展。反思性"对话既指向过去，是对过去的历程、事件的回顾、思考，又指向未来，是对可能性的探讨，具有问题性、自主性、建构性的特点"。

四、教师团队合作的主要模式

随着以互联网为核心的信息技术在基础教育的深入应用，在课程融合改革背景下，精准教育的教师团队合作模式由简单、常规的课堂双师合作向复杂、区域化的线上线下混合教师团队合作发展，具体主要包括如下四种：常规课堂的双师合作教学模式、翻转课堂的教师合作教学模式、区域教师团队教研活动、"互联网＋"线上线下的混合教学教师合作教学模式。

（一）常规课堂双师合作教学模式

1. 传统课堂师徒制教师合作模式

学校传统的师徒制合作模式是指有经验的资深教师和新手教师合作教学。资深教师担任教学的师傅角色，也是教学的主责教师，负责整个课程的教学设计、内容讲授、课堂教学活动组织等主要教学环节的任务；新手教师作为教学徒弟，深入教学一线，紧跟师傅教师，参与资深教师的一系列教学过程，并观察、模仿以及与资深教师深度交流互动，同时主要负责学生课下的辅导、批阅作业、答疑解惑以及考核评价等。二者相互配合使教学达到最优。另外，从教师专业发展的角度来讲，教师知识中的实践知识是默会知识，需要在教育教学一线才能获得。因此，师徒制是经典的可以让新手教师快速成长的模式。

资深教师热情、耐心地指导新手教师，分享自己的教学经验，对于新手教师教学中遇到的难题提供一些专业性、建设性的意见。新手教师在虚心学习资深教师的教学经验之时，不断加强自身专业的学习；同时可以与资深教师探讨，将新的理念渗入教学实践，使资深教师更新教学理念，保持创新教学实践意识和能力。师徒制教育模式是提升教师专业素养，使新手教师快速成长的一种有效的教师团队合作模式。

2. "互联网＋"双师课堂教师合作模式

"互联网＋"双师课堂最早出现在面向中小学生的学科类辅导或外语教学培训机构，采取主讲与助教相互配合，线上与线下相结合的教学模式。在基础教育学校教学过程中，亦可采用双师课堂。主讲教师由优质教师担任，主要负责通过视频直播方式讲授教学内容、组织教学活动；辅导教师负责线下学生学习支持服务，包括维持课堂秩序，记录学生课堂学习表现，以及辅导答疑、批改作业、评价考核以及与家长沟通等服务工作。为了使主讲教师及时了解远程端学生的知识掌握情况，增加学生的参与感，利用 AI 技术对双师课堂进行升级，构建"智慧课堂"，增强现实互动与课程内容相融合。如采用"人脸捕获"的智能技术，主讲教师发起提问，将话语权分配给各个班级的辅导教师，辅导教师与获得"人脸捕获"的班级学生进行互动，解决了主讲教师面对众多线上学生，有些班级互动不积极的情况。基于人工智能的图像、语音和语义等识别技术，智慧课堂的 AI 通过采集到的师生课堂教与学的数据，生成教师和学生各自教与学的路径，对课堂情况进行量化分析。学生互动时的表情、语气甚至心理变化都将成为分析学生学习情况的数据素材。将这些数据反馈给教师、家长，帮助教师实施因材施教，帮助家长及时掌握孩子的学习动态，便于开展家校合作。

（二）翻转课堂的教师合作教学模式

翻转课堂模式是大教育运动的一部分，通过为学生提供多样化、设计精良的微视频，帮助学生课下自主学习，实现了个性化的精准教学服务；在课堂内，师生对知识应用进行探讨，教师进行个别化指导，从而实现知识的真正内化。教学模式的改革辅以教师组织结构调整才能发挥改革作用。翻转课堂的微视频设计制作，课堂内与学生个体的深度交流、答疑解惑，均非一个教师所能胜任的。因此，翻转课堂要想实现其教育改革的价值，就需要课程实施和课堂指导的教师团队化。

翻转课堂的教师团队成员由三部分组成：专家教师、资深教师和新手教师。教师团队成员通力合作，进行整体课程的研发，具体包括课前的学情分析、教学过程及内容的设计以及微视频为主的学习资源开发，课堂教学活动的组织实施及课后的学习支持服务。翻转课堂教师团队成员既相互协作，又分工明确。专家教师理论知识扎实、学术研究能力强，负责课程的整体设计和实施思路决策以及对资深教师和新手教师的指导；资深教师学科知识深厚、教育教学能力强，负责具体课程实施，承担视频教学、课堂互动指导；新手教师的教学经验欠缺，但精力充沛、思维活跃，可协助专家教师、资深教师的工作，搜集整理教学资源、开展学习支持服务。翻转课堂的教学团队建设，形成专家引领、资深教师实施、新手教师辅助的团队合作模式。翻转课堂的教师团队建设，要注重团队成员的持续学习，学习先进教学理念，提高教学团队成员的课堂讲授以及与学生的沟通交流能力，从而提升翻转课堂的教学效果。

（三）区域教师团队教研活动

1. 基于校本课程研究的教师团队合作模式

因地制宜的校本课程的设置，突破了自上而下的统一课程开发模式，短周期灵活的校本课程开发，能较快与区域社会经济发展相适应，建立了一种以区域师生为本位、为主体的课程开发决策机制，使课程建设具有多层次满足社会发展和学生需求的能力。校本课程是学校自主决策开发的课程，开发主体是学校教师本身。教师在教学、工作以及生活实践中，对自己所面对的区域社会文化、经济发展实际以及区域发展的人才需求进行综合分析，基于学生核心的素养发展的需求，确定开发课程的目标，选择和组织校本课程内容，确定课程实施与评价的方式。另外，跨学科知识与能力的综合应用越来越成为当今时代的学习要求，而丰富多彩的校本课程恰好涉及多学科的知识，单凭教师个体的智慧与能力是不能胜任课程开发重任的。这必然需要教师跨越学科之间的边界，审视每一门学科的育人价值，积极与其他学科的教师协作。由此可见，校本课程的开发依靠的是学校教师团队，而不是教师个体。因此，要加强教师团队建设、增强教师之间的交流与合作，鼓励教师形成自主发展机制，拓宽其知识面，加深其专业领域，通过教师团队的集体智慧发挥教师个体的最大教育潜力。

2. 基于专题工作坊的区域教师合作模式

教师专题工作坊就是组织区域内多学科教师合作交流的重要模式之一。同一区域内不同学科背景的教师，发挥各自的学科优势，从不同的学科视角，采取不同的思维方式，就一定的教育教学专题进行研讨。教师之间的相互交流使不同的学科思维相互交融，激发出个体智慧无法达到的集体的智慧高度。

专题工作坊主要依据教师地域上分布集中、社会文化经济发展较为一致的特点，实行自主研修、定期集中研讨学习。专题工作坊内不同学科的组成教师均是各自学科领域的骨干教师，研讨学习内容围绕"教学研讨、地方课程研发、专题学习、课题交流"等主题。首先，教学研讨主要是促进教师融合课程教学能力提高，开展集中备课、观摩课以及课后的交流反思等活动。其次，校本课程研发是专题工作坊教师合作开展的重要专题，根据区域经济文化、社会生产、人们生活的特点，研发适合区域内学校的地方课程，适应区域内学生学习的个性化需求。再次，教师团队合作实质就是一个学习型组织，专题学习是专题工作坊的常态任务，旨在使教师适应课程教学改革需要、解决教育教学中的问题、保持教育教学活力、引领学生发展。最后，基于课题的交流是专题工作坊的教研活动。专题工作坊将教育教学以及课程建设中存在的问题作为研究课题，教师在课题研讨的过程中，解决了问题，提高了教学研究能力。同时依托课题成果，实现研究资源的分享，扩大与区域外教师的交流合作。

（四）"互联网＋"线上线下的混合教学教师合作教学模式

"互联网＋教育"从实质上可以消除教育的地域界限，使跨地域的教师教学合作成为可能。通过建立数字化、智能化的教师教学及其专业发展的公共服务平台，构建区域内、跨区域甚至跨国的教师教学合作模式。

基于"走出去、请进来、互相学习、共同发展"的理念，各学校可进行跨区域联动。首先，基于互联网公共服务平台，不同区域的教师建立虚拟学习共同体，开展"同课异构"活动，确立"以学定教，以教导学"的课程设计理念，引导学生在具体情境中感知、体验，培养学生发现和提出问题、分析和解决问题的能力；明确了三种取向的评议课操作，即关注学生、关注互动与关注生成。其次，适应线上线下混合教学模式创新，创新教师团队合作模式，采用远程教育的教师分工合作模式，远程端线上教师是课程内容主讲教师，负责课程内容的主要讲授，录制重点难点知识的讲解视频；线下教师是课程的辅导教师，负责课程的学习支持服务，包括课堂教学组织、课下辅导答疑以及考核评价等任务。例如，江苏无锡、上海、浙江、安徽等地的学校签署协议，组成"长三角网络结对学校"教师共同体，基于"互联网＋教研"，校际网络结对的形式，通过各种混合形式的交流活动，促进区域内校际之间的有效交流。

在跨区域联动过程中，不同区域、不同文化背景的学校开展了充分交流、分享和碰撞，促使区域间不同特色学校的教师的教学理念、思维方式发生较大改变。教师们在交流、反思与分享及重构自我的过程中，互相取长补短。跨区域虚拟教师共同体的建设，创造性地让差异性资源充分交流碰撞，为学校教育精神重建和实践进步提供了"养料"，教师跨区合作形成了一条"自我反思—自我完善—自我创造"的成长路径。很多教师感慨：跨区域联动，让教师们看到了更多外面的风景，实现了专业成长的一跨越式进步。

五、教师团队合作的途径

（一）构建教师专业发展共同体

构建教师学习共同体，是教师团队合作、专业发展的一种较为有效的方式。通过共同体成员之间的反思型对话、观点经验分享、相互学习，实现教师个体在团队中的成长发展，促进整个教师共同体的专业发展。

1.教师专业发展共同体的核心要素分析

第一，共同发展愿景。共同发展愿景是教师专业发展共同体的理想追求，也是共同体能够保持持续发展的前提条件。共同体的教师成员需要对团队整体一直秉持的教育理念、发展目标、运作机制、现实意义、实践方式等多方面形成共识、达成默契，才能够形成一个促进专业发展的教师共同体，成为一个学习型的组织，实现教师成员在团队中获益并得以持续发展。

第二，共同体弹性引领者。教师共同体的引领者不再采用传统意义上的固定某个个体老师，不再为人是从；而是针对不同的专题、学科领域确定对应的引领者，为专业是从。不再搞个人英雄主义，而是以精湛的专业为引领者，术业有专攻。所以不存在一个面面俱到的固定引领者，而是根据不同领域，实行弹性引领工作。共同体成员相互信任对方的专业性，形成一个个体业务能力强、团队合作智慧大的教师学习共同体。教师们人人在各自的领域学科都是共同体的引领者，避免依靠所谓灵魂领袖的懒惰思想，形成一个知识结构完整的教师共同体。

第三，教育实践中的团队交流互助。教师专业发展共同体的本质是"在教育实践中的教师互助"。专业共同体的构建作为教师专业发展的有效范式，促使教师个体发展置于教师团队互助发展之中，没有以交流互动为主的团队互助便没有共同体。这种交互是基于教师专业发展的、有目的、有计划的专业性和教学性的交互，旨在解决教育教学问题，不是停留在表面的、生活性的、随意性的交互，而是紧扣教师教育、教学、科研等专业实践的交互。

第四，身份认同和归属感。共同体成员的身份认同和归属感对一个共同体具有重要作用。每一位成员教师在一个专业发展共同体中，都可深深感悟到集体归属感，也充分认可自己的"共同体成员"的身份，这是一个教师专业发展共同体成熟的标志。如一个教师共同体只存在于组织架构意义上，甚至名义上，多数教师游离其外，没有参与实际的实践活动，很难感知到这个共同体的价值。反之，当大多教师认可自己的共同体成员身份，愿意付出更多时间和精力参加共同体活动，并且从其中获得教师个人的发展，才能强化教师们的身份认同和集体归属感。

第五，便捷的交流环境。环境是群体活动及其个体相互作用活动赖以存在的条件。教师共同体成员的交流、分享有赖于平等对话的文化氛围和操作便捷的交流平台。前者指教师共同体成员在共同价值观、共同愿景基础上，形成平等积极的对话模式和氛围，融洽的团队合作氛围、开放共享的交流机制、友好的同侪互助，从整体文化氛围上激发教师追求成功的动力。基于"互联网＋"的教师共同体互助交流平台包括物理办公室与虚拟的网络平台，要不断丰富交流分享渠道，增强实践中分享交流的便捷性和效果。

2. 教师专业发展共同体的构建

有效的教师专业共同体是在打造共同愿景的前提下，在学科领域专家的引领下，通过适度的、实效的专业实践活动逐渐构建而成的。共同体实践活动过程中，教师成员就活动相关方面内容进行充分的交流、分享和互助，对教师专业共同体形成强烈的身份认同，从而感知到归属感。另外，共同体有效的文化制度建设和丰富的物质技术支撑是共同体构建的外部条件。

（1）基于教师需求的共同愿景建立

教师专业共同体的共同愿景是所有教师的共同愿望、理想或目标，来源于教师的个人愿景而又高于教师的个人的愿景。共同愿景孕育着共同体无限的创造力，激发共同体强大的内驱力，从而形成长期的凝聚力和创造力。教师专业共同体构建要从教师需求分析出发，从教师的个人愿景过渡到专业共同体的共同愿景。在教师个人的专业发展过程中，首先，需要提供教育教学理论与实践方面的帮助。根据金卫东（2019）的研究可知，教师最为重要的需要为教育教学理论和教学研究能力；然后才是学习教育领域新事物的能力、学科专业知识等能力。期待更多相互磨课、开展教学研讨、共享教学资源、分享教学经验的实践活动。其次，需要提供专业方面的帮助，主要有学科专业知识更新和学科专业教学发展。最后，还有信息化教育教学能力的提高。

（2）教师专业发展活动

将共同愿景纵向分层，横向分类，围绕不同层次递进，组织多种类型的教师专业活动是构建教师共同体的关键。纵向由低到高的专业活动：贴近教学实践的年级备课活动、针对教育教学问题解决的教研活动、校本课程建设活动、校外培训交流活动、基于课题研究的项目活动；横向多种类型的活动包括：同年级或跨年级教研活动、校内外区域交流活动、不同层次的学科类的竞赛活动。

根据教师的实际需要和教学任务量，首先，共同体专业活动方式和时间要灵活。校内活动与校外活动相结合,个体独立学习与集体交流活动相结合,线下活动与线上活动相结合。另外,活动开展的时间要充分考虑教师学校课程教学、升学复习、期中期末以及寒暑假休息等不同时间段的教学任务特点,制订较为详细的专业活动计划,方便教师们提前安排好时间,做好心理准备参加共同体活动。其次,教师共同体的专业活动量要适度。我国基础教育教师的工作压力较大,感觉参加共同体活动力不从心的现象较为普遍。对于过于紧迫的共同体活动,教师为了达到活动效果、实现共同愿景,超负荷运转,这样不利于教师的身心健康,也影响共同体建立长效机制。最后,设置教师专业共同体活动,要密切围绕教学实际和教师需要,切实提高共同体活动的效果。专业共同体活动有利于共同体成员教师的综合素质和业务能力的提高是教师积极参与活动的前提,尤其是承受着较重的常规课程教学管理任务的教师,对于共同体专业活动有极高的期望值。

(3)专家团队引领

引领者在教师专业共同体建设中具有核心地位,起着精神引领和实践引领作用,是教师专业共同体中的灵魂人物。根据温格的观点,共同体中的引领者是一个团队,分别担任着各个领域或方面的工作引领,由思想领袖、专家学者担任的精神引领、擅长沟通交流的人际引领、负责共同体之间联系的外联引领、负责创新发展突破常规的前沿引领,甚至负责共同体活动文案整理的档案引领。这些引领者角色不再关注是否为团体正式成员,但必须强调其作为内部成员的身份,即强调具有主人翁精神。一个学校的共同体中,从管理者到一线教师,从校长到普通教师,全都积极参与共同体活动,在不同的工作领域、从各自的专业角度、从各自擅长的方面发挥着不同程度的引领作用。因此,真正的专业共同体不再是一个核心人物承担着引领作用,而是由一个团队作为引领者。

(4)构建共同体成员充分交流的机会

与共同体成员充分地交流、合作是教师们在专业发展中共同的期待。首先,将共同体成员的交流互动制度化,形成有计划、常态化、有组织的交流平台。制度化的交流机制使教师们充分认识合作、交流、分享的重要性,从而促进教师之间的交流合作、资源共享。其次,组织多样化的共同体成员交流合作，如基于示范性课程教研的交流研讨会，基于课题研究的成果展示会，基于学科类竞赛的经验分享会……另外，从交流分享的范围来看，既有基于校内共同体的交流活动，也有跨区域的校际交流、外出考察学习等；既有线下的集中交流讨论，也有基于线上的远程实时或非实时的交流讨论等。充分满足教师多样化的专业共同体交流需求。

（5）注重制度建设、加强物质技术支持

健全的制度建设、良好的文化氛围创建都是教师专业共同体建设的必备条件。因此，共同体的文化制度要能平衡各方利益，要制定强有力的政策，明确专业共同体活动参与规则，且保证适合的人员参与，保证活动时间；要激发教师的主动性，不是完全依赖制度的强制性；教师们不仅具有全局意识，且相信自己具有改变环境的可能性，也愿意付诸实践；教师都是积极的学习型教师，相信团队的力量，具有开放的精神，愿意进行积极的交流互动；共同体的引领者或者领导人是民主型的性格特征，能营造一个民主的、开放的共同体文化氛围。

基于对教师的调研可知，教师希望共同体的领导有很强的专业性，能够对实践提供指导，而不只是流于形式的表面化关心，能够起到团队发展的灵魂式专业引领作用，而目前较多的团队缺乏高一级目标及精神引领；专业发展共同体要有健全的组织机构与完善的活动制度；团队成员要加强团结协作的精神养成，建立共同的价值观。

强有力的物质、技术基础是教师专业共同体建设的硬件条件。专业共同体建设离不开硬件环境的创设、丰富的教学资源支持以及较为充足的经费支持，以确保优秀的专业发展共同体获得良好发展。同时，信息技术建设是专业共同体发展的重要技术保障，确保共同体线上活动、混合活动的顺利开展。

（二）加强校本研训

校外培训是教师专业发展的重要途径和方式，能帮助教师树立全新的教育教学观，即现代教师的团队合作意识。不仅要采用校内教师合作方式，还可借助互联网实现跨区域的教师团队合作。另外，校外培训对于教师团队合作的一些程式化的教学行为以及管理行为，具有较高的培训效果和较快的培训效率，可以迅速高效地让教师接触教师团队合作的基本理论和原理。

教师教育教学的过程本质上是一种高度涉身的、情景化的认知过程。教师职业发展中大量实践性知识的建构，具有较强的场域性，是教师在教育实践活动或解决具体教育问题的过程中获得的，具有典型的情景性和经验性。因此，单一校外培训的行政化，脱离具体的场域，存在针对性差、反馈弱等缺点，对参训教师的专业发展和教学实践的指导作用不够强。因此，校本研修方式成为教师专业发展、团队建设的另一种有效路径。校本研修是校外培训的理论转化为学校教育教学实践的过程，提高培训的针对性、操作性、情境性、实践性。校本研修基于教师工作的主要场所——学校与课堂，立足校本的培训和研修逐渐成为教师专业发展的重要途径之一，一方面将外在培训成果进行共享、推广与实践转化；另一方面可以立足学校实际，从实际学校教育教学问题出发，创造教学研究的氛围和条件，激发教师在教育、教学实践中思考研究教学问题，在解决问题的实践过程中，通过合作交流，逐渐学会发展。

第六节　教育评价："互联网 + 基础教育"大数据驱动的精准评价

教育评价是基于科学、系统地收集、整理、分析教育数据的基础上，对教育价值作出判断的过程。微观层面在于对学生学习质量、教师教学质量进行客观总结和评估，进而指导学生的发展方向；宏观层面在于促进教育改革，提高国家整体的教育质量。

2015 年国务院发布《促进大数据发展行动纲要》，纲要明确指出实施教育文化等在内的公共服务大数据工程，要求逐步建设完善教育管理公共服务的网络平台，推动基础教育大数据的伴随式采集和共享，努力探索智能技术与大数据对基础教育方式变革、教育质量提升的支持作用。《国家教育事业发展"十三五"规划》指出，"鼓励学校利用大数据技术开展对教育教学活动和学生行为数据的收集、分析和反馈，为推动个性化学习和针对性教学提供支持"。《国家中长期教育改革和发展规划纲要（2010—2020年）》也强调，要加快完善教育评价标准，进而提升教育评价质量。在确定人才培养目标和理念的前提下，制定科学的、可操作性强的评价标准；实施政府、学校、社会及家长等多方参与的教育质量评价；完善学生多元化的综合素质评价；采用多种评价方式等。

从"关注评价者的需要"向"关注被评价者的素质发展"转变是目前国际教育评价的趋势。区分学生不是教育评价的目标，教育评价更多是为了指导、促进学生发展。相比传统环境下以纸笔考核为主的教育评价方式，"互联网＋教育"的教育大数据评价方式，才能真正实现过程性伴随式评价、综合性评价，以及智能化评价的有机整合，提供丰富的评价手段，做到较为全面、客观、精准评价学生。可以给学生实时、详细具体且科学的反馈，为学生认识自我以及作出准确的判断提供数据分析支持；为教师的反思性教学、学校的高质量针对性教育供给提供科学的数据分析支持，实现教育评价的功能和价值。

一、基于大数据的教育评价的理念

对于教育评价内涵的理解和诠释，是现代教育评价基本理论的重要问题，直接关系到对教育评价活动的看法以及价值，关系到如何认知教育评价活动本身，甚至关系到如何实施教育评价。根据图灵奖获得者吉姆·格雷的科学研究，基于大数据的教育评价属于数据密集型科学范式，是将理论、实验和计算仿真统一在一起，也称之为第四范式。第四范式的研究，首先通过仪器技术采集数据，或通过模拟方法产生数据，接着用专业软件整理分析数据，最后将分析出的信息和知识可视化呈现（Heyetal，2012）。随着大数据的教育应用，第四范式的教育评价使基础教育活动的监测更加精准，实现了教育活动的连续时间评价、全域空间评价和多元价值评价。因此，在真实教育情境下收集的大量实时数据，其真实度更高、颗粒度更细、内容更广泛，利于打破传统的评价模式，实现评价类型多样化、评价价值多元化，实现真正意义上的精准评价。

评价在本质上是一种价值判断。Stufflebeam D. L. 认为，评价不是为了证明，而是为了改进（improve）。据此，学校教育评价是以每个个体立足于人之生命存在的意义为重要基础，促进学生持续不断的发展，促进学生个体生命意义的丰盈与完善。因此，学生精准评价的基本逻辑是"评价是为了促进发展"，依据学生评价标准，收集学生学习相关数据，从多元智能理论的角度，对学生个体的优势与不足及个体发展价值作出判断，及时诊断存在的问题和困难，实时进行针对性干预，精准预测学生个体发展潜能，真正促进每个学生的个体发展、人生出彩。然而，无论是学生个体生命价值的凸显，还是促进学生个体发展的实践，精准教育评价都需要大数据评价技术的支撑。

（一）基于大数据的教育评价促进学生生命生长的价值论

教育是培养人的社会活动，教育活动是生命生长的沃土，生命的成长是教育的出发点和归宿。教育活动以生命为起点，以促进生命生长为过程，以生命自由超越为结果。教育的生命价值表现为实现生命的完整、促进生命的超越、和谐发展生命的个性和类性。因此，教育评价必须关照学生生长的生命价值，精准教育就是为了凸显教育的生命价值。传统教育评价从功利价值出发，受科学主义支配，学生的发展被统一的评价标准和条分缕析的评价指标体系所指挥。这样的教育评价肢解了学生生命个体的完整性，使学生的生命活力逐渐被削弱，生命的精神追求逐渐被衰落，生命的个性特征逐渐消亡，生命在教育场域中严重扭曲。因此，回归生命是当代教育面临的主要议题。

精准教育的价值追求是促进每个学生个体的发展，其核心是生命的成长。基于大数据技术的学生成长评价，是持续数据采集与实时数据推送的过程，伴随学生的学习自然过程，可以实现对每个学生个体的持续关注，对其生命成长实施适时干预，进而促进学生的生命生长。浸润式的智慧教育环境中，学生的学习节奏、学习情况与学习结果将被跟踪、记录，学生的学习体验、情感将被捕捉。之后通过复杂数据分析，基于时空两个维度，建立学生学习表现、生命成长的坐标轴，实现纵向时间维度上的学生个体发展轨迹绘制，横向空间维度上的个体比较差异。这些数据会及时反馈给学生、教育教学相关人员。一方面，家长可以了解孩子在各种场域下、在群体环境中的个体表现，更加全面地认识自己的孩子，给予恰当的引导，为其创建生命成长的各种体验机会。另一方面，学校或教师根据反馈数据，实时设计开发与学生个体匹配的课程学习资源，实施教育教学干预，最大限度地支持学生的按需学习、高效学习。激发唤醒每一个学生个体的生命价值追求，启发每个学习者的学习精神，使每个个体主动构建知识以及自己生命的存在方式，实现各自独特的生命价值。

（二）基于大数据的教育评价促进发展的实践观

20世纪80年代，第四代教育评价理论认为，教育评价应注重价值多元性，教育评价的目的不再是价值判断，而是对被评价对象赋予价值，提高评价对象的工作质量和效率，强调对评价结果的应用和推广，尊重评价对象的人格、尊严和隐私等。由此可见，第四代教育评价的意义在于促进发展，即教育教学的整体发展和学生的个体发展。首先，从教育整体发展来说，教育评价应是一种增值评价。在"互联网＋"背景下，大数据技术通过跨时空的信息采集和科学的学习分析技术，引入复杂计算模型和多水平分析模型，较为严格地控制研究变量，准确计算出学校和教师的效能，并监控教育教学过程中存在的问题及其影响因素，不断进行教育改革，实现教育的持续增值。其次，从学生个体发展来说，始终坚持"把立德树人作为根本任务"，促进学生个体完整的生命发展。第四范式教育评价借助大数据技术，能够实现对学生个体学习数据的跨时空、持续性采集和匹配推送，实现对学生身心成长的精准监控和引导，将学生作为独特的、完整的个体，尊重学生个体的差异。借助大数据实现对学生个体成长的纵向追踪，利于绘制学生的生命成长轨迹，唤醒和激励学生的主体意识，促进学生的生命成长。

（三）基于大数据的嵌入式教学、评价一体化

裴常娜（2005）认为，教育是一个反馈调控的过程，教育质量的高低在一定程度上取决于其是否能成为一个自我调控和自我完善的系统，自我调控和完善的教育系统，必须依赖实时监控和持续信息反馈的教育评价系统，即教学评一体化。大数据深入应用在教育教学活动时，借助生物信息技术、情

境感知技术以及虚拟现实技术等，将教育评价自然嵌入教育教学全过程，采集学生在真实状态下的各种复杂能力的表现，获取海量数据，通过计算模拟及数学建模，勾勒出学生综合素质、专项能力等发展轮廓图，明显增强教育评价结果的实用性。一方面，基于大数据的教育评价，可以对教育活动实施动态监测，持续抓取教学相关数据，及时进行处理，实时反馈给教师、学生、家长及其他利益相关方，为教育系统的动态平衡和教育质量的持续改进提供科学数据依据。由此可见，大数据支持的教育评价一改传统的单向度结果性评价，而是贯穿于教学前、教学中、教学后整个活动的伴随性评价。教育评价不再以教育活动的最后一个环节出现，使教育活动成为一个教育评价促进的反复迭代的循环回路，教育也将成为一个自我纠正的系统，实现真正的教学评一体化。另一方面，基于大数据技术的教育评价能够全面加工结构化、半结构化和非结构化教育数据，将定量和定性两种评价结合，较好避免单一评价方式的局限，从而增强评价结论的科学性。

（四）基于大数据的"数据－归纳"的教育评价逻辑

教育评价所作出的价值判断，其可靠性依赖于评价所需信息的数量、质量和真实性。基于逐渐开放的智慧教育系统，在日常教育教学、科研管理以及各种服务活动中，不断生成海量的教育教学相关数据，已然汇聚成一个立体化的数据网络。基于大数据的信息采集，各种信息识别感知技术、平台的跟踪技术，持续收集多源、异构、多模态、不连贯语义的教育大数据，为教育评价的可靠性提供了支持。

应用大数据技术采集的教育数据，加以科学的数据分析，可以对教育教学作出更有解释力和预测力的价值判断。首先，基于大数据的教育评价强调"基于证据"的"大数据"实证研究，避免了教师基于经验评价的局限性，深入探究教育要素、教育过程间的相互关系或某种规律性，即教育数据背后隐含的关联性和规律性，教育评价符合"数据－归纳"的逻辑。其次，"数据驱动"的教育评价范式，使得教育评价成为基于"数据＋模型＋分析"基础上的归纳法。基于大数据的教育评价近似全样本的学生学习数据采集，在分析学习表现、学习过程与学习结果之间的相关性基础上，判断数据之间的某种关联性，挖掘学习变量之间的深层次关系，建立学习变量之间的数学表达或模型，预测学生的潜能以及未来发展方向。这意味着教育评价结果是借助特定算法对"教育大数据"进行分析，从而归纳得出的。最后，大数据通过对复杂教育系统中动态变化的相关关系进行分析，从而实现对师生教育活动的预测和及时干预。

二、基于大数据的教育精准评价的可能

（一）以大数据为核心的信息技术的快速发展为精准教育评价提供物质基础

1. 大数据的发展趋势

随着大数据的应用研究从商业上升到国家战略，其技术研发投入逐渐增加，因此大数据的基础技术框架、数据分析技术到实践应用系统不断完善。2015 年美国的相关统计显示，美国大数据领域的企业获得融资额占整个 IT 领域总融资额的 11%，由此可见，大数据领域具有强劲的市场占有力。首先，大数据分析的基础框架在 Hadoop 基础上，衍生出 Spark、Pig 等框架，Spark 较前一代技术更完善，编程简便，计算速度块，且抽象层次更高。Spark 通过统一数据平台技术的支持，可以实现不同模块不同类型数据的应用。另外，数据湖（data lake）和雾计算（fog computing）着眼于大数据的源头和终端，分别从数据的分布和集中两个维度提供可行解决方案。整体而言，大数据基础设施的发展趋势就体现在数据湖和雾计算，使得获取和处理各终端数据的方式更加灵活，计算负载的分布更加合理，更加便于核心数据的汇集，制定相关标准，实现数据的有效治理。其次，智能化、实时性和易用性成为大数据分析技术的发展特征。分析技术是基于大数据的模型建构，是进行评价、推荐以及预测等具体应用的基础。大数据技术借助各类设备和传感器采集数据，然后通过机器学习完成数据的汇集与分析，进而促进机器自身不断演化和提高自身智能水平。实时分析区别于基于历史数据的聚合和分析，实时数据分析具有更强的时效性，有更高效的数据存储、计算和呈现能力。

2.教育领域的技术发展应用

人工智能、物联网、区块链等大数据技术的发展，正在推动传统教育的教育理念、教育形态、教育方式、教育评价等各方面发生深刻变革。大数据技术的发展与教育的深度融合，为构建更加完善科学的教育评价体系提供了技术支持，便于实现教师教学、学生学习和学校管理服务的数据化。大数据与教育评价融合将赋能教育评价创新应用。

基础教育教学各环节、各场域的数字化，是采用大数据开展教育精准评价的前提条件。首先，数据采集技术的日趋成熟和广泛应用。应用于教育领域的教育数据采集技术主要包括物联网感知技术、视频采集技术和学习平台数据采集技术，如校园一卡通、视频监视以及网络评阅、点阵数码笔技术等。多种数据采集技术的全过程自动记录，可以实时采集学生学习过程中的各种数据：情感数据、校园安全数据、课堂教学数据；学生考试成绩、作业练习，以及课程笔记等手写数据；各种在线与管理数据；学生学习行为数据、学生体质，以及生活等数据。这些数据包括了学生的品德行为、学习表现、身体健康状态以及艺术等全方位的表现。其次，深度的数据分析技术。学生在各种时空、各种状态、各种类型下产生的数据，会形成一定规模的海量数据，对这些数据进行汇总、挖掘和分析，通过一定的挖掘算法可全面分析学生的学习态度、行为和成绩，对无数个独立的学习事件进行关联、聚类，可以在一定程度上揭示学生的行为模式、发展特点以及优势学科领域。再次，各种模型构建的技术。根据学生个人数据，搭建对应个体学生的诊断模型，明确学生的在各方面的优势、短板以及个性特征。根据全国或区域现行数据开发预警常模，个体学生的检测数据溢出阈值就对其发出确切的预警信息，提前采取学生发展的干预措施。最后，即时数据反馈的可视化技术。基于学生的基本信息、学习风格、学习过程的大数据技术，深挖个体学生潜藏的学习规律，即时将信息以可视化图形、图表等方式反馈，为学生开出"智能化处方"，为其后续个性化学习教学提供客观的数据支持。

（二）以全样本、立体化及真实数据采集为可靠评价依据提供可能

有效的评价依据是高质量教育评价的基石，是确保评价过程科学、专业的前提和基础。传统的教育评价受评价技术和条件所限，评价数据因评价而生成，数据来源单一且局限于小规模抽样所形成的结构化、碎片化数据，教育数据的采集与数据的产生无法实现无损对接。大数据与教育的深度融合，使得教育评价深度技术化，教育评价的思维与具体方法都发生了重大变革。基于大数据技术，可以采集评价对象全样本、全过程的立体化数据，且采集情境是真实、自然的教育教学情境，实现了数据采集的无损对接，提升了数据的质与量，提高了教育评价依据的可靠性。

从评价数据采集过程来看，大数据技术对教育活动全过程数据进行动态抓取。首先，物联网、互联网以及人工智能技术，使得学生所有学习形式在内的全教育过程中产生的数据都有迹可循。因此，教育评价数据的采集趋向教育教学全过程。其次，教育大数据对全样本数据实施采集。智慧城市、智慧校园，以及智能终端自动产生教育数据，教育数据采集既可针对单个指标进行抽样分析，也可实现全样本的海量数据收集获取，促使教育评价从传统的学生整体考量转向学生个体的重点关注。

从评价数据类型来看，大数据不仅关注结构化数据的采集，也能重视非结构化、半结构化的全类型数据。数据宽度小模型化呈现。学生在学习场域会留下大量多种形态的、零散的学习痕迹，各种数据采集器顺利采集学生每个学期、每门课程、每个课程，甚至每次在线学习的过程性表现数据，数据的颗粒度更加精细和微观。大数据技术将这些承载着学习痕迹的碎片化数据整合、关联、挖掘，使学生的发展动态与学习行为模式更清晰地显现。

从评价数据的来源看，信息具有真实性和客观性。首先，信息覆盖立体化时空中。从纵向时间范围看，大数据是在学生学习发展的自然过程中，进行的全景式记录，采集的信息更加真实客观。大数据技术实时持续采集学生学习、教师教学全过程的关键数据，数据具有明显的实时性和持续性。从横向空间范围看，大数据技术采集的信息覆盖教育全场域，通过传感器、图像识别以及视领捕捉等数据采集技术，对学生各种空间状态下的表现、活动轨迹以及各项素质的表现与变化进行实时、持续采集。其次，教育大数据评价是教育教学实施过程的自动记录，比指定评价目标的选择性采集数据覆盖面广。因此大数据技术实现了教育评价数据产生与采集同步无损，实现了过程化、动态性数据的全面监测。

从评价数据的作用来看，基于大数据的教育评价预测结果更加多面性。大数据整合与挖掘了学生多维度的信息，如认知领域、情感领域、动作行为、态度动机、学习风格以及意志等信息。深度研究、分析各项数据变量之间的关系，如学生学习过程变量与结果变量之间的关系，各种过程变量之间的关系，建立学生综合发展模型。基于强大的数据基础上的学生发展模型，为预测学生未来的发展方向提供了重要参考依据。

（三）基于大数据相关关系的精准判断为教育评价有效解读提供可能

迄今为止，教育评价的发展经历了四个发展阶段，测量、描述、判断以及建构和综合。20世纪80年代是第四代教育评价的"建构"时代，其核心任务是：给出诊断、意义和价值判断，主要研究教育建构过程、方法和特征。认知诊断理论和多维项目反应理论是以建构为核心的第四代教育评价研究和应用的理论基础。认知诊断理论结合认知理论和心理计量模型，是对被测者的优势、劣势进行诊断的验证型模型，主要以"知识结构""认知结构"和"思维模型"相结合为基础，对被试的认知的建构过程进行诊断和判断，即对教育的过去进行诊断和判断。多维项目反应理论则是对多重显性能力测量并对学生的未来发展作出诊断与预测，即对教育未来进行诊断和判断。该理论是将被测评者在完成一项测试任务时需要的多种能力、项目特征与正确概率之间的关系进行模型化，结合多方面信息，为学生的评估或诊断提供帮助，其目的是全面深入了解学生。传统教育评价秉持因果关系思维，依据主观经验判断，其评价的科学性和专业化遇到瓶颈。单一因果关系思维无法对第四代教育评价的多元价值作出回应，大数据技术以从相关关系中寻找价值的思维，为教育评价范式的转换提供了创新思路。

大数据技术颠覆了人们的传统思维方式和认知方式，使人们的思维从解释性的线性因果关系中跳出来，引导人们进入大数据"创构性"的相关关系思维方式中，通过对相关关系的分析，发现规律、挖掘价值并预测趋势，通过干预要素的相关关系作用，创构结果。大数据的一个深层哲学内涵，就是人作为重要因素，可以通过调控其他因素，形成自己的预期结果，以满足自己的需要。因此，大数据以及在其基础之上的活动，是以人的需要为出发点，以满足这种需要为最终目的。大数据的哲学内涵与第四代教育评价理念一致——精准化的评价，过程性的评价，促进学生向期望的目标发展的评价。大数据的相关关系的思路和数据驱动的理念是促使第四代教育评价逐渐专业化的思维前提。大数据技术的分析速度快，挖掘数据能力强，关注范围广，采集、分析数据的准确性和价值性高，在分析复杂的教育教学活动、教学过程以及教学结果上具有不可比拟的优势。大数据技术的逻辑思维、哲学内涵以及技术本身，对于提升教育评价价值分析与判断的精准度和教育评价的专业化奠定了基础。

（四）可视化评价结果及时反馈为促进实时互动反馈提供依据

教育评价要促进和激励学生更好地投入学习、高效完成学业和个体成长，帮助教师不断地反思教学、快速提升教学质量和专业能力，测评结果及时反馈给评价对象和利益相关方，是教育评价过程的关键步骤。基于大数据技术的教育评价，为教育评价结果实时动态反馈提供了保障，可视化的评价结果呈现方式，实现了评价结果交付反馈的直观、高效和便捷，成为教育评价变革的主要特征。

随着第四代教育评价进入"建构"时代，教育评价的等级划分、人才选拔等行政功能有所弱化，促进教育发展的服务功能日趋凸显，第三方专业的教育评价机构越来越成为评价的主体。专业化的教育评价对教育评价结果的反馈提出了前所未有的高度，只有高质量的评价结果的实时反馈，才能发挥教育评价预测，近而促进教学发展的功能；只有通过高效的评价结果反馈实现了教育教学改革、教学决策支撑、教育活动改进，才能凸显教育评价"建构性"的价值所在。基于大数据的教育评价结果高效反馈，一是明确了教育评价的促进学生发展的服务功能定位。教育评价的行政检查，横向排名式的行政功能更多地转化为诊断问题、预测发展的教育服务功能。二是实现了几乎实时的高质量结果交付。大数据技术的智能化、数据结果的可视化和数据采集的动态化，大大提高了评价结果反馈的速度和质量。智能化主要表现为大数据技术可通过相关关系关注，借助可视化分析工具，将小数据环境下无法为人所知的、隐含于大数据中的一些规律性信息，以各种形象化结构呈现；以图表、图形等可视化方式呈现评价结果，使利益相关方直观地全面掌握所需情况。动态化表现为大数据技术的实时数据采集分析、精细化的数据挖掘分析。

三、基于大数据的教育精准评价方式

（一）基于大数据的客观性评价

教育评价从小数据的经验型预测向客观大数据支持的价值判断发展。传统教育评价中，教师对学生的价值判断主要依据两方面：一是学生有限的考试成绩，二是教师对学生的主观印象。显然，传统的教育评价方式，评价的依据不够充分，客观性不强。在数字化学习环境下，具有数据采集能力的学习终端，如平板电脑、智能手机、数码笔、可穿戴设备等的应用，可以将学生整体表现完整记录，通过分析，把学生的客观学习情况以可视化的结果反馈给利益相关方。让国家政府、学校教师、学生家长以及学生本人均能透过客观数据分析，更全面地了解教育教学情况，从而强化教育评价诊断、激励、引导以及调整的功能，为提高教育质量、促进学生个性化发展、终身成长，提供科学的价值判断和方向引导。

首先，从国家政府等行政层面来看，大数据全样本、全域的教育数据采集，多角度灵活的数据分析，可针对全国整体教育质量发展现状绘制出一幅可视化的图像；动态实时的评价结果交付，便于政府相关部门就教育体系中的结构、效益等各要素之间的协调一致性进行关注。对基础教育质量现状、前景进行预测，有利于对基础教育的薄弱环节进行重点突破，同时为国家的政策决策提供数据支撑，使决策过程更加科学高效。

其次，从学校及教师层面来看，聚焦全校所有班级、所有学生的大数据评价，不仅可以开展横向的对比评价，与同区域的兄弟院校进行比较，与全国同级院校进行对比，准确把握学校在同领域的发展水平，而且可以进行纵向的自我评价，帮助学校及教师制定适应学校及其学生教育教学发展的相关决策。

最后，从家长及学生来看，大数据记录下每个学生自然学习状态下的表现，每个孩子的综合素质评价结果可以跨平台实时分享，家长可以随时关注到孩子的成长发展情况，同样可以进行横向比较和纵向比较，了解孩子的发展状况，为更好地培养孩子提供指导。同时也便于学生全面明确自己的发展情况，尤其是长项和短板，引导学生明确发展方向、规划发展路径，促进学生个体的身心发展。

（二）基于大数据的伴随式评价

教育评价改革从关注知识、结果到强调能力、表现，随着大数据技术的发展及其在教育中的深度应用，伴随式评价将被广泛采用。伴随式评价有三个特点：第一，伴随受评价个体行为活动全领域（只有伴随个体行为活动表现，才能将哪些"难以测量的能力"或"测不准问题"的测量成为可能）；第二，伴随学生个体学习全过程（只有伴随学习过程的评价，才能真正发挥评价调整学习行为的功能）；第三，伴随个体自适应。基于大数据技术的评价可以分为线性和适应性两种，其中的线性测试不作学生个性化区分，测试系统随机组织相同难度的试卷进行测试。自适应测试（CAT）是一种基于计算机评价系统的个性化测验，旨在为每个学生开展针对性的最优测评，从而对每个考生的知识能力水平进行更为精确的测度。

伴随式评价是秉持学习目标与学习过程并重的学生发展型评价观，兼顾总结性评价与过程性评价，重在通过获取学生智能发展的生成性成果，进行科学测评。通过多种数字化设备的综合应用，采集学生在自然情境下的表现性数据，获取学生个人电脑在网络学习平台、移动学习终端、可穿戴设备上的学习痕迹、学习表现、学习习惯等数据，并且将数据通过各种模型进行分析，以可视化方式呈现评价结果，使学生及利益相关主体了解整个教育教学过程，从而对学生的学习状况和学习水平作出价值判断，引导其终身学习。如北京、深圳以及成都等地的中小学校，基于发展性评价理念，对学生历次考试成绩进行持续跟踪采集，进行时间序列分析和聚类分析，挖掘学生的学习成绩数据，构建学生个体的学科知识地图，借以分析学生的学习风格和学习行为，最终完成对每个学生的学习力诊断。凯文·凯利（2007）提出量化自我的概念，利用传感器网络、可穿戴设备、移动终端等技术，实时记录、量化和测试个体的生命状态数据（如饮食、运动、睡眠、情绪等），并通过数据反馈进行自我调整。

（三）基于大数据的综合性评价

第四代教育评价旨在"建构性"，借教育评价大数据预测功能，促进学生的全面发展，使得学生朝着预期的方向发展。因此，教育评价内容也从单一的评价趋向综合评价。伴随式评价将评价焦点由评价结果转移到评价过程，改革的是评价方式，那么综合性评价就是对评价内容的调整，对学生进行课程学习成绩、身心素质、协作能力、艺术修养等多方面考核。传统评价技术很难采集全面评价学生的数据，而大数据技术突破传统评价技术的单一片面性，可以获取学生品德情感、学习品质、个人能力、团队协作等多方面的信息，实现对学生的综合评价。

21 世纪初，我国对基础教育评价进行改革，探索开展学生综合性评价，构建基础教育学生综合素质评价指标体系。首先，国家教育部颁布了《关于加强和改进普通高中学生综合素质评价的意见》，制定了高中生综合素质评价的五个一级指标，即思想品德、学业水平、身心健康、艺术素养、社会实践。然后将一级测评指标进行细化，分解出二级评价指标。其中，思想品德分解为家国情怀、遵纪守法、理想信念、诚实友善、责任义务五个二级指标考查学生在这五个方向的表现；学业水平主要侧重考核学生在学科知识掌握、应用以及解决问题方面的能力；身心健康方面主要围绕反映学生身心健康的生活方式、运动习惯技能以及心理素质等方面进行考查；艺术素养主要考查学生的艺术感受体验、鉴赏以及艺术表现力。接着，基于高中学生综合素质评价框架，根据初中、小学学段的教育性质和评价特点，调整各评价指标，构建针对初中、小学学生的综合素质评价指标体系，进而形成一套完善的基础教育学生综合素质评价体系。但是在如何基于此评价指标体系，提高评价的科学性、可行性方面，存在一些亟待解决的难题。

应用大数据技术，可以在一定程度上采集涵盖学生综合素质评价的各方面数据。可使用 RFID 芯片、眼动监控仪以及可穿戴设备等技术，获取学生在校内外的真实学习信息和日常行为数据，如运动手环、智能手表等设备可以实时地记录学生的位置信息、运动数据和身体健康指标等，通过将这些数据与学生的学业表现关联，可以实时分析、预测不同类型学生个体的学业表现和身心发展。为伴随式评价、精准教育和管理提供有效支撑。

例如一些学校尝试采用数码笔，在学生自然的纸笔书写环境下，采集学习行为数据，为精准教育评价提供数据支撑。数码笔内嵌高速摄像头和压力传感器，书写时笔尖的运行通过压力传感器，传递到摄像机，从而实时采集学生运笔书写的轨迹。这些书写轨迹反映了学生纸笔环境下的学习行为，为学生的学习状态和教师教学提供诊断信息。上海市基础教育数字化赋能"双减"的教育改革中，教育学院附属友爱实验中学的数学、物理课上，学生们用"点阵数码笔"在作业本上解答练习题，教师根据智慧作业平台分析的全班答题对错率，针对典型错误展开讲解。点阵数码笔可在契合学生传统书写习惯的同时，实现学生作答数据、作答轨迹等信息的自动采集缓存和实时传输。点阵笔帮助教师了解学生个体差异，从而进行更有针对性的教学引导，也让更多学生可以收到教师的个性化点评。

（四）基于大数据的智能化评价

从传统纸笔测试到基于科技发展的智能化评价。2020 年 10 月印发的《深化新时代教育评价改革方案》指出，要"创新评价工具，利用人工智能、大数据等现代信息技术，探索开展学生各年级学习情况全过程纵向评价、德智体美劳全要素横向评价"。全过程、全要素的教育评价，涉及庞杂的数据收集、分析和整理，显然只靠传统的统计分析手段无法实现。因此，以人工智能、大数据为核心的信息技术与教育的深度融合，将在教育评价改革中发挥重要价值。大数据与各类分析技术的有效结合，可以实现数量庞大、维度丰富的数据收集、处理和分析等，智能化地计算、可视化地分析，能够对学生的学科知识掌握情况、问题解决差异情况以及学生的学习行为、学习风格等进行有效诊断，其详细的基于数据的分析报告和个别化反馈结果，可以帮助教师更好地实施精准教育，促进学生的个性化发展。2020 年的全球人工智能与教育数据大会上，北京师范大学校长董奇介绍，目前教育部基础教育质量监测中心、中国基础教育质量监测协同创新中心与北京师范大学基础教育大数据应用研究院等多家单位正致力于建设"智能化基础教育评价系统",该系统建成后将具智能化的基于数据的教育评测能力,如数据采集分析能力、诊断反馈能力、改进效果评价能力,该系统具有全样本、信息多维多模态、真实化、伴随式、反馈及时等特点,高效服务学生健康成长。

(五)基于大数据的多元主体评价

从传统教师教育评价单一主体到大数据支持的多元评价主体。多元评价主体的共同参与,增进了各评价主体之间的信息交流,消除了评价过程中的"信息孤岛"和"数据壁垒",克服了教育评价认知的有限性和模糊性,使教育评价更加全面精准。

在教育多元价值背景下,追求学生教育的多样化个性化发展,强调教育评价的发展性和综合性,教育评价囊括学生的全学习过程,涵盖学生校内外的各种表现。多种数据来源、不同结构数据整合用来评价学生。教育大数据生成于多种教育教学过程,各个利益相关方承担着教育数据生产者与消费者的双重身份。基于互联网、大数据平台的教育评价活动,为多元主体共同参与评价提供了平台。

陆启越等(2018)认为,教育评价的实践活动复杂且丰富,其生命力依赖于多元评价主体的协商和参与。教育的相关利益主体,"谁使用谁评价"是理想的教育评价,而非采用"谁熟悉谁评价"的方式。各相关利益方,通过平等协商的方式,制定教育评价的参考标准和评价的关键点,从而达成评价的多元价值诉求。我国的教育评价传统基本上坚持着单一的评价主体——国家政府和教育行政部门,社会、家长学生等利益相关方一直被动处于教育评价的边缘位置。评价标准统一,对不同评价主体的价值诉求缺少关照,忽略了不同评价主体的差异,严重影响了教育评价的价值和有效性。"互联网＋"背景下的大数据技术,推进了教育各利益相关方积极参与教育评价活动,就教育评价进行充分的信息交流和共享,共同制定科学合理的教育评价标准,使教育评价实现更加精准化。

四、教育大数据评价所面临的挑战

基础教育的教育教学改革发展过程中，大数据的强大技术优势具有很强的应用潜力，大数据技术的相关关系思维和海量数据处理能力，对现有的教育评价改革发挥革命性的影响，具有不可估量的应用价值。由于大数据相关技术发展的快速更新，需要评价人员掌握较为专业复杂的数据分析技术，加之其在教育中的应用模式不成熟，导致教育大数据应用也面领着诸多挑战，主要涵盖数据标准、数据采集、模型构建、产品服务，开放共享和隐私保护等几个方面，具体如图 4-6 所示。

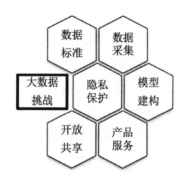

图 4-6　教育大数据应用所面对的挑战图

（一）行业标准急需完善

教育评价对象是具有能动性的学生个体，考查的是学生综合素质的发展，在教育教学的全过程中，会产生和应用大量非结构性的数据。这些庞杂的数据需要科学的规范、统一的标准，包括基础标准、数据处理标准、数据安全标准、数据质量标准以及数据服务标准等，才能进行应用，发挥作用。目前，我国的大数据的产业标准正在积极有序制定中，有关教育大数据标准的研究也成为国内学者的关注焦点。教育部 2012 年发布了《教育管理信息教育管理基础代码》等七个教育信息化行业标准，有助于教育信息产业的良性发展，然而有关教育大数据领域的规范和标准的制定仍是空白。教育大数据的行业标准必须解决教育大数据的数据安全、隐私保护、信息整合、权限设置、利益归属等复杂问题，即便是依据"互联网＋"的在线教育也没有数据标准确立。教育领域的大数据标准的制定的滞后甚至缺失，成为大数据在教育领域高效应用的严重障碍。

（二）教育数据采集覆盖面窄

我国教育管理公共服务平台建设基本完成，其教育教学管理的结构性数据收集条件基本具备。我国经济、教育较为发达的地区，在智慧校园建设较好的部分学校，可以采集学生的学习过程性数据，但是大部分地区的学校，由于信息化基础设施建设的不完善，对学生校内外的学习过程性数据的采集存在较大困难。另外，现有成熟的、应用较为广泛的在线教学平台，其设计开发时缺乏对数据采集尤其是数据分析功能的考虑，无法完整跟踪、记录教与学的全过程，对数据的采集、分析及其应用造成极大困难。近年来部分中小学建设智慧校园，进行了无线网络覆盖、移动设备配备以及传感器技术安置等，为教育教学的过程性数据采集提供了可能。但智慧校园的软硬件资源建设，与理想的教育大数据采集要求仍不匹配，其大数据教育评价应用的整体设计缺失。

（三）教育评测模型构建专业性不足

大数据技术对教育的影响为大众所感知，但是教育大数据的价值不会自然彰显，缺乏专业的数据分析工具——教育评测模型，教育大数据的价值如蒙尘之玉难以发现，导致大数据带给教育领域的将是大量碎片化信息和焦虑的情绪。数据模型是对教育监控、诊断预测的核心支持技术。从精准教育的适应性教学干预到教育管理者的决策制定，都需要专业的评测模型来支撑。但现阶段，一方面关于教育评测模型构建的理论研究缺乏，理论成果实践转化应用不足；另一方面，现阶段的教育大数据模型构建的专业化水平不足。因此，大数据技术领域的前沿的数据分析方法和技术在教育领域应用不足，教育领域未能有效借助通用大数据技术的力量。

（四）教育平台系统的教育评价产品服务单一

基础教育领域的教育教学平台在大数据的应用方面，产品及服务功能单一，对于大数据的教育评价支持不够。随着教育信息化的持续推进，多家企业、公司发挥自己的技术优势，加入促进基础教育信息化的任务，以科大讯飞、猿题库、一起作业、学堂在线等为代表的企业，积极开发数字化教育教学系统，对教育大数据的分析与教育应用进行探索。目前整体来看，大数据在我国基础教育领域的应用主要体现在几个方面：适应性教学，题库类、资源类产品等；管理类的应用较少，无法有效支撑教育教学决策。因此教育数据应用从功能到分析方法都较为单一，缺乏教育教学的高水平产品和对精准教育教学的服务支持。

（五）教育的大数据尚未生成

大数据的前提是数据的量要够多、质要够高。目前，教育领域产生的数据远没有商业、金融等其他领域多。尤其是基础教育领域，大规模、全面性的自然状态下的大数据采集实践依然没有展开，尚未建立切实的教育数据开放共享和安全应用的规则，更没有建立有效的资源共享机制。另外，教育数据体系混杂。为了数据分析计量方便而对教育进行分解，分解后所采集的数据，其所描述的教育属性和特征，并不能保证是真实教育的反映。教育中大量的非结构化的数据（如图片、音视频以及教学软件游戏等）的收集较为困难，且会有大量重复的冗余数据，这些数据难以进行量化分析。量化分析后的数据真实性无法得以保证，可能存在一定量的"伪数据"。因此，教育大数据的教育应用推进，是一个系统联动工程，需要采用多路径数据采集，多领域（教育领域和大数据领域）专家协作，从国家层面开展教育大数据教育应用研究，制定发展建议和应用指南，将大数据应用提升到更高战略层面，扩大教育数据的规模，才能凸显教育大数据的教育价值。

（六）教育大数据的数据安全有待加强

教育大数据是教育数字化后的一把双刃剑：一方面，数据中蕴含着丰富的教育教学规律，是教育领域的一笔重要资料，大数据的恰当应用，可以有效促进学生的个性化发展，提高教育质量；另一方面，大数据涉及教育者尤其是受教育者的隐私，数据应用不当必将引起严重的安全事故。特别是对于大量的未成年学生而言，不仅限于个人的隐私泄露，还在于基于大数据对其状态和行为的预测，而这种隐性的数据暴露往往是个人无法预知和控制的。因此，大数据时代应当从法律上明确界定数据的开放共享和私有保护的界限，使得保护隐私数据，数据安全有明确的法律依据，对于侵犯隐私数据依法可究。在数据来源可靠、数据安全权责清晰、应用合法有序的前提下，才能确保教育大数据的高效应用及研究。

我国教育大数据的研究和应用同步发展，目前迫切需要在体制与机制上多方协同、各尽其力。根据分级管理、逐级负责的原则，健全网络与信息安全管理责任体系，完善网络与信息安全管理制度，设计高性能、高可信度的教育大数据储存系统，建立数据安全保障机制。国家的教育主管部门需要协调相关部门推进教育大数据政策、相关法律及行业标准的制定；以学校为代表的教育机构，需要加强教育大数据应用的环境创设，提高数据驱动教学管理的意识和实践；科研机构需要加强研究与应用协同发展，加强研究成果的实践转化；公司、企业则需要从教育需求出发，开发多元化的教育产品和服务，从而共同促进教育大数据的健康发展，更好地服务于教育评价改革。

五、基于信息技术的第三方的教育评估

2015 年，教育部下发《关于深入推进教育管办评分离促进政府职能改变的若干意见》，部署构建"政府管教育、学校办教育、社会评教育"的格局。目前，我国基础教育的评价督导，主要是政府主导，评价主体单一，偏行政管理化，缺乏教育教学的专业性。基础教育领域发展第三方教育评估，可以避免政府单一的督导评价的活力不足，增强教育评价的公开、透明和客观性，对于促进教育评价主体社会化、多元化，促进社会对基础教育的监督和问责具有重要意义。

"互联网 + 基础教育"的教育教学过程信息化，使非政府部门和人员主导的第三方专业评估成为可能。与政府教育部门主导的督导评价相比，社会第三方教育评价更加具有公正性、专业性和灵活性。在"管、办、评"分离倡导下，专业的第三方教育评估机构成立，规范化和制度化教育评价机制赋予社会和民众的教育评价权和监督权，真正保障和落实民众参与基础教育评价

的权力。世界主要发达国家越来越强调社会多方力量参与教育评价督导，具有纯民间性质的第三方教育评估机构不断涌现。因此，第三方教育评估的介入，顺应教育治理分权化的趋势。

（一）社会第三方教育评估机构的内涵

关于社会第三方教育评估机构的概念，目前学术界没有形成统一的说法。从性质上来讲，第三方教育评估机构应该是一种"中介组织"，是介于政府、学校和家长之间的"中介组织"。这些评估机构有的是半官方组织，由政府主导创办；有的是民间机构，完全独立于政府和学校外；有的是学术团体组织的研究机构。民政部 2015 年发布的《关于探索建立社会组织第三方评估机制的指导意见》明确指出，作为社会组织承担第三方教育评估，需要具备四条资质条件：能独立承担民事责任，具有专业的、稳定的评估人才队伍，具有规范的内部组织管理，教育评估的社会信誉良好。能够独立承担民事责任是硬性资质条件，是从事社会组织评估最低要求，人才队伍、管理水平、社会信誉情况等软性资质，是判断一个机构是否有足够的能力和专业性，决定评估的大众认可度和评估结果的权威性。

教育行政部门的自上而下的教育评估，学校内部的自我评估或者同级别学校之间的互评，均属于内部评估，这种评估可以起到一定的监督、激励作用，但不可避免地存在评估主体单一、评估过程不透明等弊端。相比而言，第三方评估属于外部评估，有着制衡与监督作用，可以充分发挥第三方评估机构的组织独立性、专业性和权威性的优势，可以弥补内部自评的不足，确保评估过程的客观、公开和透明。

（二）基础教育第三方评估公信力的建构

基础教育的评估结果与其各利益相关方（即学校教育主管部门、学校、学生以及家长）关系密切，评估结果的全面应用影响巨大，这就需要评估机构及其采用的评估体系具有很高的可信度。英国的第三方评估的公共考试服务，在世界范围内具有很高的认可度和公信力。该考试服务同时满足不同利益相关者的多元化需求，如教学反馈诊断、办学绩效考核、升学就业凭证等。

因此，公众对英国的考试体系充满信心。英国第三方评估体系的公信力基于系统的角度研究构建。首先，组织专门的专业管理机构，承接政府的管理让渡权，并实施严格的资格认证制度。这就要求政府部门逐渐放权，把管理权和评价权让渡出来。专业管理机构严格把控第三方评估机构的准入，并且对其进行动态的资质审查和评估服务的实时监控。其次，引入市场竞争机制，各评估机构之间的评价体系公开透明。国家政府行政权的让渡，即采用市场的竞争机制，培育和优化第三方评估机构的服务质量，社会威望和行业声誉成为第三方评估机构的生存之本，有利于促进教育资源合理配置，激活教育评估的活力。再次，建立国家政府、行业协会以及普通民众多层联动的监督体系。国家政府层面委任专业的机构进行最高层的督查和风险预估；第三方评估机构成员合作成立业内协会，实行内部监审和第三方评估团体的自律管理，形成自律的约束机制，构建第三方评估内部诚信生态系统；充分利用评价终端的普通民众尤其是利益主体参与第三方评估的监督，保障公众的参与权。最后，实行线性监管的失信惩戒措施。这是行政性约束和市场性约束增设的最后一道防线。国家行政对评价过程中失信风险全程管理且负责，根据失信行为轻重及危害影响，实施不同程度的惩戒，最终实现公共考试服务供给的精准、可信、有效。基于英国经验可知，构建第三方评估机构的公信力，应从多角度系统性思维培育和发展入手，主要包括：监管机构建立、自身组织架构、制度体系、市场竞争、监督机制和惩戒体系。

（三）构建科学合理的第三方评估指标体系

评估指标体系是表征评价对象各方面特性的指标的系统化集合。要构建科学规范的评估指标体系，需遵循基本的原则：一是系统性原则，各指标间逻辑关系清晰，既相互独立，又彼此联系，指标体系具有层次性，从宏观到微观层层深入细化；二是典型性原则，评价指标体系尽可能反映出特定领域的综合特征；三是动态性原则，各种系统的效益需要通过一定时间长度的指标才能反映出来，评估指标要充分考虑动态变化的数据收集；四是科学性原则，指标体系设计必须科学，反映真实情况；五是可比性、可操作性、可量化的原则，各指标数据要便于收集，以便进行量化的统计分析；六是综合性原则，评估是为了发现问题、促进发展，因此要全面考虑影响不同利益相关方的因素，进行综合评价和分析。

美国学校研究和信息咨询机构尼奇公司，每年都发布美国基础教育学校排名，为学生和家长择校提供参考。美国尼奇公司的第三方评估指标体系有七个一级指标，若干个二级指标，对学校总体评价涵盖学生成绩、用户反馈、体育设施、娱乐活动、文化多样性等多维度多层面的评价。多元化的评价指标才能对评价对象的综合实力进行客观公正的评估。尼奇公司拥有自己强大的数据库，可生成自我分析报告。尼奇教育评估范围广泛且具有代表性，涵盖学校学习生活的全方位体验，主要包括：学业成绩、住宿饮食、安全问题和交通。因此，在借鉴国外第三方评估指标体系以及评价机制建立的基础上，我国需要建立符合自身发展需要，且具有自身发展特色的评估指标体系。

（四）建构科学合理的第三方评估

实践证明，第三方评估机构是适应教育改革需要而产生的，对于教育评价改革具有积极的意义，有助于建立科学、专业的教育评价体系，有助于创建规范化、制度化的评价机制。我国的第三方评估的民间组织、中介组织处于发展起步阶段，需要加强发展，才能承担政府转移出来的教育公共服务之一——基础教育第三方评估职能。

1. 制定相关法律法规，确保第三方评估的权利

随着教育评价主体的多元化，以及社会参与教育评价的需求，第三方评估因其客观性、专业性得到教育领域相关群体的广泛关注。在我国的一些政策性文件中也强调了进行第三方评估的需要，但目前没有针对第三方评估较为完善的法律法规，无法较为明确地界定第三方评估机构的权责。若想发挥第三方评估的教育评价作用和价值，应使其在法律规范和保障机制下拥有合规合法地位，组织社会的专业评估资源开展教育评价，有机会和权利采集教育数据作为专业教育评估依据，有权利基于不同利益相关方的评估要求制定相应评估方案，有权利收取应得的合理工作报酬，还要有权利和义务对评估主要过程和结果向公众公开。完善的法律法规制定为第三方机构评估的相关

活动提供了准则，从而促进基础教育评估从单一政府行政监督向社会第三方参与评估转变，从完全封闭的内部评估向开放的社会参与评估转变。

2. 建立相关监管机制，确保第三方评估完全履职

法律法规保障第三方评估机构权利，相应的严格的监管机制确保其完全履职、完成使命。基础教育因其自身的复杂多样，使教育质量评估变得越发复杂和艰难。不同利益相关方对基础教育持有各自不同的价值取向和期望；第三方评估机构要平衡不同的利益诉求，这种平衡必然影响评估指标、评估过程以及评估方法的制定、选择和使用。为了预防基础教育第三方评估受利益群体的裹挟和道德风险，政府方面要制定严格的监督机制，确保评估的客观性、权威性。

首先，以教育行政牵头，成立第三方评估的监管机构，建立严格的第三方评估机构的准入机制，严查且核实评估机构的从业资质，确保评估机构具有合法、专业的评估资质，从一开始就保证第三方评估的规范化。其次，制定详细的、可操作性强的监督相关条例和法规，约束评价第三方评估行为规范。最后，基于各种便携信息技术手段，充分调动社会参与监督，如恰当利用互联网平台、社会性软件以及自媒体等平台，充分调动社会公众的道德监督力量，不断健全与完善道德监督机制，提升全社会道德监督水准。移动互联网技术的普及，使社会大众对第三方评估进行全面的道德监督更加便捷，弥补了政府以及市场监督的局限，使第三方评估更加全面和深入落实。

3. 突出科学研究，增强第三方评估的评测能力

教育评估是一项专业性、系统性很强的工作，高水平的教育质量评测需要科学的教育评估理论和方法指导。随着教育评估实践的变化，要对教育评估的理论进行同步甚至超前探索研究，才能适应和指导教育评估的实践过程。作为第三方评估机构，为了确保评估结果的权威性和公信力，必须提升自己的核心竞争力，不断加强对教育评估各个方面的科学理论研究。首要的是构建高效的研究机制，增强教育评估工作人员的科研意识，时刻关注国家政府的教育教学相关政策，努力钻研教育评估的理论，掌握教育评估的新技术，尤其是评估与信息技术的融合技术。一些专业的第三方评估机构在教育评估的科学研究方面的举措值得借鉴，如香港考试及评核局专门成立了研究及发

展委员会，由许多专业的考评人员组成，内部定期召开与考评相关的专题研讨、培训；对外，定期与本地基础教育学校抑或海外的一些评估机构进行合作，进行其他研究以及咨询服务。

4. 加强相关标准建设，提升第三方评估的客观性

科学完善的教育评价标准体系建设是第三方教育评估的基础，决定评估的权威性和客观性。第三方评估的标准建设需要体系化，首先是教育评估的技术标准，是对评估对象实施评估的依据；其次是评估机构的服务标准，是被评估的基础教育学校选择评估机构的依据，也是第三方评估机构与被评估对象学校进行沟通交流的基础；最后是第三方评估机构建设的职能标准和工作规格，这是第三方评估机构接受国家政府或监督机构考核评价的标准，是第三方评估机构的准入标准。教育质量监测是一项综合性、系统性很强的工作，必须依托完善的标准体系，否则评估工作将会丢失客观性、专业性，发展成"经验式"的实践模式。因此，第三方评估机构从建设初期，就要持续开展标准体系的研究和完善。例如，香港考试及评核局专门建立了一套完善的质素政策体系，以保证考试及评核服务质量的稳步提升。

5. 完善专业队伍建设，提高第三方评估的专业水平

作为一项专业性很强的工作，第三方评估的人才队伍的专业化建设情况很大程度上决定了第三方评估的专业性。因此，为了提升机构的服务质量，增强评估机构的竞争力，必须建立一支专业化的评估人才队伍。首先，精细化人才队伍建设，全方位立体化组织学历结构合理、专业背景全面以及行业领域多样的人才队伍，满足评估系统性工作的需求。其次，加强教育评估培训，使教育评估人员紧跟国家政策方针，不断更新评估理念，提高评估相关知识技能，不断提升评估的专业化水平。最后，加强对外联系整合评估资源。第三方评估机构要与国内本科院校、科研机构以及国家政府考试机构合作学习，整合多方资源，提升评估人才队伍以及评估手段的科学性和专业化。另外，要加强对外交流，吸收国际上优秀的第三方教育评估实践经验和研究成果，完善我们的第三方教育评估体系。

6. 强化信息技术融合应用，推动第三方评估的智能化

以大数据技术为核心的技术手段的教育评估应用，拓展了教育评估的思

维，丰富了教育评估的手段和方法，可实现精准化教育评价，使评估结果更加客观全面、有说服力。传统的单一纸笔测验方式既不符合"互联网＋"背景下的教育评估理念，也不能完成教育质量测评任务。因此，作为专业的第三方教育评估机构，要大力推进教育评估手段的信息化。引进或开发专业的教育评估软件和数据平台，实现数据采集信息化、智能化。如学生考勤、智能化组卷系统、考试监控系统、答卷收集系统、面试录像系统以及自动化在线阅卷系统。信息化评估工具和平台，为第三方评估的改革以及顺利评估提供了技术保障。

国际教育评价的发展基本是沿着从"关注评价者的需要"向"关注被评价者的素质发展"前进的。教育评估在基础教育领域，除了初中升高中、高中考大学的选拔功能外，小学领域的教育评估更多是强调促进学生发展的评估价值观。借助信息技术手段，通过第三方评估机构，整合社会资源的多元评价，提高了教育评估的客观性和准确性，实现了全面、精准评价学生，可以给学生即时的、科学的反馈，帮助学生认识自我及作出准确的判断。

参考文献

[1] 马化腾，张晓峰，杜军 . 互联网＋国家战略行动路线图 [M]. 北京：中信出版社，2015：48-49.

[2] 阎凤桥 . 教育私有化改革的演进逻辑 [J]. 中国人民大学教育学刊，2011（6）：16-26.

[3] 储朝晖 . 提高公办中小学活力具有重要意义 [EB/OL].（2020-10-27）[2023-02-15].http：//www.xinhuanet.com/comments/2020-10/27/c_1126661122.htm.

[4] 胡东芳 . 民办咋办：中国民办教育忧思录 [M]. 福州：福建教育出版社，2001.

[5] 李虔，郑磊 . 新时代民办义务教育的改革逻辑与发展空间 [J]. 中国教育学刊，2021（9）：1-6.

[6] 高工 . 北京私立树人学校成立 [N]. 人民日报，1993-07-31（3）.

[7] 中国教育学会.中国辅导教育行业及辅导机构教师现状调查报告[R].北京：中国教育学会，2016.

[8] 余胜泉，王阿习."互联网＋教育"的变革路径[J].中国电化教育，2016（10）：1-9.

[9] 李奕，徐刘杰.面向学生未来发展的教育供给侧改革研究：基于北京市深综改的实践经验[J].中国教育学刊，2017（11）：47-53.

[10] 李彦荣.区域教育公共服务创新系统构建过程中教育研发机构的功能发挥[J].上海教育科研，2015（12）：58-60，45.

[11] 何克抗.创立中国特色创客教育体系：实现"双创"目标的根本途径[J].中国教育学刊，2017（2）：50-54.

[12] 谢巍，何晓莉.以区域数字化教育公共服务体系推进学习型社会共享共建：广州数字化学习港实践成果的思考[J].中国远程教育，2013（5）：22-26.

[13] 李奕.北京"深综改"：基于供给侧结构性改革的整体性变革[J].中小学管理，2016（1）：4-7.

[14] 李小刚，靳素丽，王运武.教学视频支持下的网络时代个性化学习研究[J].中国远程教育，2013（7）：38-42.

[15] Sams A，J Bergmann. Flip Your Students' Learning[J]. Educational Leadership，2013（6）：16-20.

[16] 钟晓流，宋述强，焦丽珍.信息化环境中基于翻转课堂理念的教学设计研究[J].开放教育研究，2013（1）：58.

[17] Singh H, Reed C. A White Paper：Achieving Success with Blended Learning[DB/OL].[2023-03-20]. http：//www.centra.com/download/whitepapers/blended-learning.pdf.

[18] 黄荣怀，马丁，郑兰琴，等.基于混合式学习的课程设计理论[J].电化教育研究，2009（1）：9-14.

[19] 刘革平，余亮，龚朝花，等.教育信息化2.0视域下的"互联网＋教育"要素与功能研究[J].电化教育研究，2018（9）：39-44.

[20] AltSchool. A Flexible Space Designed for Learning [EB/OL].[2023-2-20].

https：//www.altschool.com/post/introducing-altschool-union-square-in-new-york-city.

[21] 肖尔盾 ." 互联网 +"背景下高校体育教学混合学习模式探索 [J]. 中国电化教育，2017（10）：123-129.

[22] 陈云宇 ."互联网 +"背景下小学语文"四学式"混合学习模式研究 [J]. 中国电化教育，2018，378（7）：117-121.

[23] 郭文革 . 再论在线学习的灵活性：教室将变成一种"轻"资产 [J]. 中国远程教育，2017（1）：15-19.

[24] 蔡宝来，张诗雅，杨伊 . 慕课与翻转课堂：概念、基本特征及设计策略 [J]. 教育研究，2019（430）：82-89.

[25] 杜晓敏 . 全纳教育视野下的基本公共教育服务均等化研究 [D]. 北京：首都师范大学，2003.

[26] 赵彤，赵富才，黄业坚 . 基于学生核心素养发展的混合教学模式与实施路径研究：以高校旅游专业教学为例 [J]. 中国电化教育，2019（389）：6.

[27] Julie Leckman.Adapttive curriculum math[J]．Learning & leading with technology，2013（3-4）：44-46.

[28] 伍远岳 . 论课程的适应性与学校课程重建[J].课程·教材·教法,2017(5)：59-64.

[29] 孔凡哲 . 中国学生发展核心素养评价难题的破解对策 [J]. 中小学教师培训，2017（1）：1-6.

[30] 康建朝 . 芬兰基础教育课改什么样儿 [N]. 中国教育报，2014-04-11.

[31] 钟启泉 . 基于核心素养的课程发展：挑战与课题 [J]. 全球教育展望，2016（1）：3-25.

[32] 孔凡哲 . 提升基础教育课程适应性的学校实践研究 [J]. 课程·教材·教法，2017，10（37）：22.

[33] 吴佳莉 . 英国中小学分层教育研究 [D]. 重庆：西南大学，2016.

[34] 顾明远 . 把学习的选择权还给学生 [J]. 河北师范大学学报（教育科学版），2012，14（1）：5-7.

[35] 张桐，杨孝堂，杜若 . 远程教育全媒体数字教材发展与创新 [J]. 中国电化

教育，2017（3）：138-142.

[36] 钟志贤.信息技术作为学习工具的应用框架研究 [J].电化教育研究，2008
（5）：5-10.

[37] 王奕婷，吴刚平.芬兰基于跨学科素养的基础教育课程改革与启示 [J].教育理论与实践，2019，39（2）：40-43.

[38] 顾明远.个性化教育与人才培养模式创新 [J].中国教育学刊，2011（10）：5-8.

[39] 陈时见.幼儿园适应性课程的理论构建与实施策略 [J].教育研究，2012（4）：81-86.

[40] 蒲淑萍，宋乃庆，邝孔秀.21世纪小学数学教材的国际发展趋势研究：基于对10个国家12套小学教材的分析 [J].教育研究，2017，38（5）：144-151.

[41] 谭娟，饶从满.英国基础教育教师队伍建设的现实困境与改革对策 [J].外国中小学教育，2019（10）：64-72.

[42] 海伦·蒂姆勃雷，张铁道.促进教师专业学习与发展的十条原则 [J].教育研究，2009（8）：55-62.

[43] 马佳，陈向明.开启教育行动研究中的反思性对话：问题、原因与策略——校外协同研究者的视角 [J].教育学术月刊，2011（2）：3-7.

[44] Wenger E. Communities of practice：Learning as a social system [J]. Systems Thinker，1998，7（5）：1-10.

[45] 詹妮.教师团队合作的影响因素研究：以L中学教师开展课题研究的过程为例 [D].上海：华东师范大学，2016.

[46] 于洁.小学教师团队合作模式研究：基于山东省安丘市A小学的探索 [D].济南：山东师范大学，2017.

[47] 苏昕，侯鹏生.高等教育评价体系的结构多元化和价值冲突 [J].教育研究，2009（10）：60-65.

[48] Stufflebeam D.L. A depth study of the evaluation requirement[J].Theory into practice，1996（3）：121-133.

[49] 代盼盼.教育的生命回归：基于对现代教育的批判和反思 [J].中国电力教

育，2010（19）：1-14.

[50] 朱德全，吴虑 . 大数据时代教育评价专业化何以可能：第四范式视角 [J].
现代远程教育研究，2019，31（6）：14-21.

[51] 孙洪涛，郑勤华 . 教育大数据的核心技术、应用现状与发展趋势 [J]. 远程
教育杂志，2016（5）：41-49.

[52] 吴晓蓉，谢非 . 大数据时代教育研究的变革与展望 [J]. 西北师大学报
（社会科学版），2018（1）：82-89.

[53] 郑燕林，柳海民 . 大数据在美国教育评价中的应用路径分析 [J]. 中国电
化教育，2015（7）：25-31.

[54] 张勇 . 测评技术是影响教育评价改革的关键 [N]. 中国教育报，2019-03-
28.

[55] 朱德全，马新星 . 新技术推动专业化：大数据时代教育评价变革的逻辑
理路 [J]. 清华大学教育研究，2019（1）：5-7.

[56] 王天恩 . 大数据中的因果关系及其哲学内涵 [J] . 中国社会科学，2016（5）：
22-42.

[57] Stufflebeam D. The CIPP Model for Program Evaluation[M]. Boston：Kluwer-
Njhoff Pubblishing，1983.

[58] 陈然，杨成 . 量化自我：大数据时代教育领域研究新机遇 [J]. 现代教育技
术，2014（11）：5-11.

[59] 涂子沛 . 大数据 [M]. 桂林：广西师范大学出版社，2012.

[60] 李葆萍，周颖 . 基于大数据的教学评价研究 [J]. 现代教育技术，2016，26
（6）：5-12.

[61] 孙洪涛，郑勤华 . 教育大数据的核心技术、应用现状与发展趋势 [J]. 远程
教育，2016，34（5）：41-49.

[62] 赵森，洪明 . 美国高中第三方评价指标体系的内容、特点及启示基于尼
奇 "美国最佳私立高中排名" 的分析 [J]. 教育参考，2018（4）：50-57.

[63]《民政部关于探索建立社会组织第三方评估机制的指导意见》解读 [EB/
OL].（2015-05-20）[2023-02-15].http：//xxgk.mca.gov.cn:8445/gdnps/pc/
content.jsp?mtype=4&id=115291.

[64] 苗学杰. 英国基础教育第三方评价公信力建构的保障机制探析 [J]. 中国教育学刊，2017（4）：22-27.

[65] 冯永刚. 制度建构：儿童道德启蒙教育不可或缺的基础支撑 [J]. 中国教育学刊，2016（4）：16-20.

[66] 王璐，王琳琳. 社会第三方评估机构如何服务基础教育质量监测：来自香港考试及评核局的经验 [J]. 教育测量与评价，2019（4）：25-30.

[67] 苏昕，侯鹏生. 高等教育评价体系的结构多元化和价值冲突 [J]. 教育研究，2009（10）：60-65.

[68] 杨鸿，朱德全，宋乃庆，等. 大数据时代学生综合素质评价：方法论、价值与实践导向 [J]. 中国电化教育，2018（1）：27-34.

[69] 张德全，马新星. 新技术推动专业化：大数据时代教育评价变革的逻辑理路 [J]. 清华大学教育研究，2019（1）：5-7.

[70] 王璐，王琳琳. 社会第三方评估机构如何服务基础教育质量监测：来自香港考试及评核局的经验 [J]. 教育测量与评价，2019（4）：25- 30.

[71] 王向华，张曦琳. 管办评分离背景下高等教育第三方评估的探索与实践：以上海市教育评估协会和麦可思研究院为例 [J]. 当代教育科学，2019（2）：92-96.

[72] 许亚锋，高红英. 面向人工智能时代的学习空间变革研究 [J]. 远程教育杂志，2018（1）：48-60.

第五章 应对措施研究

第一节 构建"互联网＋基础教育"
精准供给体系的基本条件研究

一、国家基础教育改革的政策条件

教育政策是基于教育实践问题而存在的，是教育改革与发展的蓝图。从某种意义上来说，教育实践是教育政策实施的结果，又为改进和发展教育政策提供了丰富的材料。教育政策与教育实践总是处于相互影响、相互作用的互动过程之中。

（一）面向基础教育政策受众的精准政策制定

党的十九大报告强调："我国社会主要矛盾已经转化为人民日益增长的美好生活需要和不平衡不充分的发展之间的矛盾。"并且提出"发展公平而有质量的教育"，党的二十大报告进一步强调"建设高质量教育体系"，且对全面部署建设高质量教育体系，办好人民满意的教育进行了深刻且完整的论述。今天所追求的教育公平，在于从学前教育到终身教育，每个学习者都有机会享受优质教育资源，都有得到发展的机会，都能成为有用之才。我国基础教育事业发展进入了新时代，为了构建高质量的教育体系，需要从提升教育政策制定的精准度开始，回应人民群众的多样化教育需求，才能将我国的教育制度优势转化成为教育治理的效能。

教育政策的制定是基于调查研究基础上的全面精心设计，以精准化解决教育政策方面的问题，进而实现利益调整的精准化。将教育行政管理部门的顶层设计和坚持问计于民的实际相协调。要建立在科学的调研基础上，多渠道多角度听取民声，聚焦政策受众的利益与需求，研究和制定教育政策。更新对政策的认知，突出政策受众的主体地位和价值。从政策制定理念、教育政策设计到政策目标确定、工具选择，以及政策执行和考虑，都要坚持以学生及其家长需求为中心的立场，将国家教育事业规划和发展的战略目标和人民群众对优质教育获得的期待结合。

精准靶向瞄准，聚焦政策受众的真实诉求的靶心。首先，整合社会力量，向外脑借力。一方面是要整合科研院所、高等院校、其他教育相关组织机构，尤其是相关教育智库系统等资源，借助其在资源和知识的积累优势、科学研究技术等方面的经验，有效查找实际问题，精准描述真实状况，深度挖掘本职任务，在教育智库与教育决策部门之间建立有效对接，实现对教育政策受众的精准聚焦；另一方面是融合学科知识及其应用，借助政治、管理学等学科，以及心理、行为科学的最新相关研究成果，准确把握、预测以及干预教育政策影响下教育利益相关方的心理状态与行为规律，主要有教育群体和个体，以期精准研判和定位教育政策受众的需求和行为。其次，在学习中实践，要向学习借力。在教育政策制定中，不断学习总结、迁移应用和创新发展。对其他领域的政策瞄准的有效做法，开展适应性的政策移植和扩展，创新和优化教育政策瞄准中的做法。

另外，要兼顾基础教育发展中的短板与优势，削峰填谷亦不可取，不能简单地稀释区域基础教育发展的整体质量，拖慢部分优质教育发展速度。政策制定要通过"放、管、服"等基本理念，真正落实赋权增能，推广行之有效的教育问题解决方法和机制体制，发挥发达地区和优势教育的示范和引领作用。

（二）建立精准教育的政策环境，形成有效制度保障

我国基础教育处于追求教育质量和均衡教育发展的关键时期，建立适宜的国家地方政策环境，构建有力的、科学的教育制度保障，提升人才培养质量，是精准基础教育发展的潜在的、客观的要求。

1. 加强基础教育顶层设计和整体规划，构建基础教育的"四梁八柱"

政策制定的顶层设计和整体规划是基础教育事业发展有章可循的基石（董玉霞，2019）。基础教育的改革发展，致力满足国家对新时代基础教育的要求。而面对基础教育之前一直存在的问题，要从国家宏观层面进行规划和指导，从而为教育相关方正确认识教育、有力支持基础教育改革发展指引方向。在坚持立德树人为根本任务不变的基础上，坚持科学高质量发展教育理念，满足国家经济社会发展对人才的需求，面向人力资源强国建设，深入贯彻新发展理念，使基础教育政策与国家战略深度融合，推动构建高质量、均衡公平的、精准供给的基础教育办学体系。

2. 加快完善基础教育制度建设，构筑政策执行的制度保障

要促进基础教育科学高质量发展，实现精准教育供给，重点是要将关键制度的短板补齐，建设支持基础教育发展的政策保障体系。主要包括四个关键方面：第一，建立基础教育质量认证制度。逐步建立规范专业的第三方评估机制，开展有效的教育机构和课程的认证工作（陈丽，2021）。第二，规范化专业化教师管理制度。以师范专业认证工作为契机，同时加强基础教育相关从业人员的资格准入和考核制度，不断提升基础教育的教育教学、管理以及科研等职业素养和专业能力。第三，创新基础教育财政投入制度。力争完善政府、社会等多元财政支持制度。第四，创新学生需求驱动的基础教育精准供给制度。真正落实"双减政策"，充分发展第二课堂，允许学生根据自己的需求选择学科课程，自定学习节奏，真正实现精准教学。

3. 研制基础教育质量保障体系和评价反馈机制，监督政策的有效落实

有效的评估反馈机制是政策贯彻落实的关键。国家应该从顶层设计、宏观角度建立真正的质量为本的基础教育质量保障体系，并且形成有效的评估反馈机制。首先，加快建设基础教育质量标准体系，研究制定学校和课程精准供给的质量保证标准。其次，创新建立第三方评估机构的质量认证机制，规范基础教育质量认证流程，公开认证评估结果。最后，基于第三方的质量认证标准，促进基础教育机构内部质量保证体系的建设，完善教育教学管理体制，创新课程教育教学研究，丰富教学资源建设，改革教学实施、考核评价，完善学习支持服务标准，将自评他评结合，确保教育政策的有效贯彻和落实。

二、快速发展信息通信技术条件

创新是教育改革的强大动力。信息技术在教育创新中发挥着多重作用，是教育创新的重要推动力，是教育创新的基本条件，也是教育创新的评价标准和奋斗目标。教育创新需要基础环境支撑，精准教育供给的创新，更需要信息技术硬件环境、软件环境和丰富的人文环境的融合支持，缺乏这些基础保障条件，精准供给的创新教育就无法实施。教育创新的信息化环境由三部分组成：首先是教育信息化的物质环境，主要有信息技术用户终端设备、网络通信设备以及网络环境；其次是基于物质环境而运行的系统软件和各种应用软件，如各种数字化教育教学资源；最后是具备数字素养的信息技术与课程教学融合的优质师资团队。

另外，信息技术还要兼顾教育创新的评价标准和奋斗目标。丰富良好的基础教育信息技术环境，对于创新教育教学改革，促进学生学习发展，具有重要推动作用，因此，教育信息化本身亦是教育追求的目标。因此，教师是否真正实现了信息技术与课程的融合，学生是否学会了数字化学习，信息技术是否从本质上促进了学生的发展，也成为教育创新的评价标准。

三、逐渐普及的教育信息化的环境条件

在知识更新迅速的信息时代，让学生个体具备适应未来发展需要的综合能力，成为学校教育追求的目的之一，亦是基础教育课程改革的主要出发点。"互联网＋教育"背景下，信息科技与教育深度融合，学校教学活动、教学场所、教学形式将更具有灵活性、弹性，教学将给予学生多样化的选择机会。为了满足学生为中心的个别化的自由学习目标的实现，基础教育需要借助教育信息化，打破现有的物理空间状态，大规模建设开放型数字化、智能化课堂教室环境。

教育信息化的环境条件既包括物理空间的信息化建设，更包括教学信息化的人文环境。在当今复杂多元的社会背景下，教育特别关注学习者交流沟通与合作能力的培养。因此，加强网络化教学体系的建设，创新课堂教学模

式，构建学校、教师以及学生共同参与的学习社群，打造虚拟空间与物理实体空间协调的信息化教学环境，有利于开阔学生视野、激发学习兴趣和天赋，实现学生综合能力的提升。基于信息化支持下的课程教学方式需要创新，需要增强网络环境下人与人之间合作交流的能力。

四、学习者与教师的数字素养与技能

学生与教师是教育系统最活跃的因素，二者的数字素养和技能是影响"互联网＋基础教育"精准供给实施的内部因素。国家网信办、教育部等四部委联合印发的《2022年提升全民数字素养与技能工作要点》中指出，数字素养与技能是指数字社会公民学习工作生活应具备的数字获取、制作、使用、评价、交互、分享、创新、安全保障、伦理道德等一系列素质与能力的集合。数字素养具体包括数字意识、计算思维、数字化学习与创新、数字社会责任。在数字化教育环境中，作为教育者和受教育者，其数字素养和技能必将影响信息技术推动的教育教学改革。

首先，教师要用正确技术观，影响和教育学生，引导学生应用信息技术手段，主动开展自主学习、互助学习，让网络为中小学生学习（课内课外）、生活和研究服务。其次，讲师和学生要超越信息技术纯粹的教学工具观，树立信息技术的教育资源宝库和创建知识的整体观，为了精准教育供给的实施和教育教学创新，教育行政部门、学校应把提升师生的数字素养和技能给予高度重视。

第二节 基于"互联网＋"加快基础教育融合供给模式构建的对策研究

"互联网＋基础教育"融合供给体系的建立是一个系统工程，上到国家政府，下到学生及家长，中间还有教育相关机构，都与之密切相关。这里从政府、学校和社会组织三个不同层面提出一些对策。思想之于行动之前，认

识引导前进。基础教育是国家人才培养的基础工程，其教育改革的思想支撑至关重要，遵循什么样的教育理念和价值，其核心是教育要培养什么样的人，如何培养人。纵观各国基础教育改革实践和思潮，百家争鸣，但基础教育始终坚持基础性地位，对基础教育的价值判断基本一致。

一、政府层面

在基础教育改革过程中，政府具有强大的话语权和影响力，其作为教育改革的决策者和推动者，有效组织实施基础教育改革，推动教育改革政策落地，是决定教育改革最终成功的重要前提条件。法律是政府在推进教育改革是过程中的有力抓手。在我国，基础教育改革通常是自上而下的推进模式，在完成改革的顶层设计时，加强促进基础教育改革落地和深化法治建设，成为紧随其后的保障工程。系统化的横向配套和纵向细化建设也将尽快跟进。中国的基础教育改革要实施精准教育，必须立足本土，借鉴他国经验，择适而行，紧跟世界发展思潮，传承中华民族优秀传统，构建面向未来的基础教育发展蓝图。

（一）国家与公务员互动

公务员即政府组织的公职人员，具体负责制定、落实、实施及监督国家的教育改革政策的工作人员。这些公务人员在开展工作时，是在具体的社会情境下的一个个具体的个体，所以，国家要权衡，通过恰当的方式和机制激励政府的基层工作人员，让他们从国家教育发展、人才培养高度，端正其推进教育改革的态度和责无旁贷的政治意识。一方面，政府机构的领导人员代表国家制定宏观教育政策时，既要考虑教育理想和理念，也要考虑后续基层工作人员落实政策的难度和实际可行性。另一方面，国家政府在强调全国教育改革基本的一致性、统一性政策基础上，在落实教育改革的政策时，公务人员要有具体情境解决问题的自主性、灵活性，避免教条地执行改革措施。确保实施的教育改革，能够达到预期效果。基层工作人员在实施教育改革过程中，要建立定期汇报或反馈相关信息的闭环机制，有效推进教育改革政策的螺旋上升落实实施。因此，国家在推行新的教育改革政策时，以提方向与原则为主，适度提细节要求，为具体实施的工作人员留出探索创新的空间。而且，应该畅通基层工作人员意见发表渠道，并且及时给予反馈。基于此，可以一定程度上及时修正国家逻辑在基础教育改革中的作用限度，及时修正教育改革政策。

（二）国家与社会互动

国家在推进基础教育改革时，会出现社会中的一些家长群体甚至教师群体出现阻挠的现象，原因是家长群体或教师群体的局部利益、个人利益受到一定程度的影响，目前家长或者教师或者看不到某项教育改革政策的落实给自己孩子带来的价值。国家基于基础教育的公共属性，政策的制定会考虑尽可能范围大的群体的利益，依然无法避免会忽视某些社会群体的利益，甚至有些教育政策的推行，不得不损害某些社会群体或者某一时代社会群体的利益。为了寻求社会教育相关方对国家教育改革的支持，国家必须开展与社会的深度合作，第一，通过法律手段赋予家长及教师参与教育改革决策的权力，接受社会各阶层家长群体代表参与有关教育改革政策的制定；第二，以制度化的形式征询民意和集中民智，举行听证会，多倾听社会多方的利益诉求，接受民众监督和问责；第三，对于教育改革确实受损的社会群体或个人，政府要加强政策的多渠道宣传和解释，让公众更好地理解政府实施教育改革的出发点，最大程度获取公众的支持。

二、学校层面

党的二十大报告提出，"加快建设高质量教育体系"，体现"以为民为中心"发展思想，以立德树人为根本，加快信息化、数字化和智能化建设。教育的创新和创新的教育、教育的个性化和个性化的教育、教育的开放和开放的教育，成为世界范围内教育现代化发展的根本方向，并使得"创新"成为教育现代化的灵魂。中小学校是基础教育改革的"主战场"，在基础教育改革中发挥着主导作用。

（一）"互联网＋基础教育"精准教育体系建设内容

1. 基于"互联网＋精准教育"观念是精准教育体系建设的基础

对于学校层面，教育观念的现代化，最根本的是教育价值观的问题，即必须清晰地回答"培养什么样的人"的问题。20 多年来，面对新世纪的挑战，世界各国不约而同地开展了"21 世纪关键能力"的研究，提出的本国基础教育必须培养学生关键能力的维度和指标，便是对教育价值观的回答。确立"立德树人""育人文本""发展素质教育"为核心的教育观、人才观、质量观，并以此为基础，明确学校的办学思想，是我国当前推进学校教育现代化建设的根本出发点。校长的办学思想、教师的教育理念是学校层面教育观念现代化建设的两大支柱。

2. 教育治理体系的现代化

基础教育治理体系的现代化建设依然需要以问题为导向，端正方向、调整结构、完善制度、优化过程。强化教育改革与发展的科学民主决策，形成教育系统和学校自主更新的机制。理顺学校与社会、家庭之间的关系，建立教育与社会的良性互动机制。20 世纪 90 年代以来，西方出现过的"家校一体"，就是优化学校与家庭关系的例证。

3. 人才培养体系的现代化

人才培养体系是由价值目标体系、课程体系、教学活动体系和管理评价体系构成的，其核心是课程和教学系统。人才培养体系的基本问题是"怎样培养人"的问题，涉及人才培养的方向、人的发展方式、人的发展过程、人的发展资源等具体问题。为学生提供什么样的课程、创造怎样的学习经历，都直接决定了学生的发展过程、发展方式和发展状态。人才培养体系的现代化，本质是课程的现代化、教学方式的现代化，以及评价体系的现代化。

4. 教育队伍的现代化

以教育管理者和教师为核心的教育队伍现代化，是实现教育现代化的根本保证。教育管理队伍和教师队伍从理念到能力的现代化，是教育现代化的核心，是促进教育人才培养体系现代化的人力资源保障。一支有教育情怀、有专业判断力、有领导艺术的教育管理队伍影响着教育治理体系的现代化建设；一支有教育信念、有教育思想、有教育能力的教师队伍制约着人才培养体系的创新品质。有教育情怀的管理者，才会有教育的责任担当，才能锐意进取，勇于改革。有专业判断能力，才能把握住教育发展的大势，敢于创新。在教师队伍建设上，习近平总书记提出的"有理想信念、有道德情操、有扎实知识、有仁爱之心"，刻画了现代化教师的素质形象。

5. 教育环境的现代化

教育环境主要是指促进学生成长的条件，特别是教育技术、教育装备、成长环境，教育信息化是教育环境现代化的重要标志。信息技术正以前所未有的力量改变着教与学的结构和方式，信息技术支持下的教育教学模式转换、结构重建，以及"互联网＋教育"的思维，为个性化教学、开放性教育、非格式化教育、创新教育提供了可能。教育装备的改良、教育技术的创新、教育资源的优化是教育环境现代化建设的重点。教育环境的现代化需要着力促进教育环境的数字化转型，突破学生学习在时间和空间上的障碍。

（二）学校对于精准教育体系建设的突破口

加快现代化建设，办人民满意的教育，关键在中小学。学校层面如何做好教育现代化建设？

1. 坚持立德树人、发展素质教育的根本方向

切实转变教育思想和办学方向，从根本上克服应试教育的局限性，探索发展素质教育的新路子。在教育观念创新上，学校应站在国家立场上，承担教育的国家责任和社会责任，努力建立育人为本的教育哲学和体系化的教育理念。校长应努力成为先进教育思想的倡导者、引领者和示范者。视野狭隘、思想僵化、观念陈旧、故步自封，则难当教育现代化建设背景下校长大任。

2. 坚持改革创新，优化学校内部治理体系

依法治校，重视学校内部制度创新、学校内部管理体制和机制创新，为教师赋权增能，实行民主决策和民主管理，注重学校的文化建设，树立学校的办学特色和办学理念，将学校建设成学习型的组织。搭建学校与社区、学校与家庭的协同育人桥梁，形成学校、社区和家庭之间的良性互动机制；切

实体现基础教育的公益性，树立为国家、社会服务，为学生、家长服务的理念和意识，增强学校的服务育人功能。

3.深化课程教学改革，创新人才培养体系

以办学思想和教育理念为指导，研究和制定学校教育教学质量标准，突破学生的关键能力的发展难题，如学生的认知能力、合作能力、创新能力等。坚持全员、全过程、全方位的立体育人理念，注重理论与实践相结合，强化育德与育心相并重，采取课内与课外、线上与线下相结合的方式，兼顾更新理念问题与解决实际问题相结合，推进课程与教学创新，全面提高教育质量。特别是在深化课程与教学改革上，适应学生全面发展和个性发展的现实需要，探索课程模式和教学模式的创新。

4.重视教师队伍建设，完善校本教研制度和教师成长促进体系，培养"四有教师"

重视师德建设，做好教师的理想信念、道德情操教育，让教师真正成为有教育情怀、有教育思想、有教育风格的新型教师。制定教师发展促进规划，培育学校自己的学科领军教师、卓越教师。

5.深入推进技术与学校教学、管理和文化建设的深度融合

重视学生学习平台建设、教师教研平台建设、家校合作平台建设、学生发展大数据评价平台建设；整合学校所在区域的自然资源、社会文化资源、体育健康资源、科技资源和社区企事业单位的优秀资源，为学生创设丰富的、全方位的成长机会和成长环境。

三、社会组织层面

（一）社会力量参与基础教育精准教育方式

首先，社会力量在推动基础教育的精准教育发展中不遗余力。社区、企业、各种协会以及高校、科研院所、校外培训机构等为基础教育精准教育开展提供多样化的支持，如中小学各种科普项目开展、综合项目竞赛、社会调研、生涯规划教育等，社会力量是基础精准教育的重要组成部分。这样才能

使得"双减政策"下的中小学生实施真正的素质教育、能力发展、兴趣培养。"双减"并不是减少学科作业负担后让学生玩电子游戏、看电视,而是给学生更多兴趣培养、素质拓展的空间。社会力量参与创建学生素质拓展的空间,如暑期社会实践项目、学科竞赛项目、文体会演、研学旅行等,为基础教育的精准教育提供丰富的教学机会,这些项目打破了时间和地域的限制,为不同地区的中小学生提供同等的优质教育机会。由此可见,社会力量为基础教育的精准教育的发展,提供了教育机会和教育资源方面的支持。

其次,社会培训机构应紧跟国家基础教育战略,本着中小学生个体身心发展的原则,开展社会培训,与学校基础教育形成合力,发展我国的基础教育力量,而不能仅以赚钱为目的,有悖于国家战略发展,不利于学生长远可持续发展角度。

最后,高等教育以及科研院所要加大在推动基础精准教育发展、研究方面的贡献。精准教育的代表性研究者大都来自高等教育或研究机构,因此,高等教育机构或研究所是基础教育精准教育研究的重要力量。美国的资优教育研究值得借鉴,许多社会力量参与全美的资优教育,成立了不同层次、不同形式的资优教育协会,如美国资优儿童教育协会(National Association of Gifted Children,简称 NAGC),是目前美国最有影响力、规模最大的资优教育研究机构。此外,各州成立了资优教育联合组织,如密歇根州超常儿童联合会(Michigan Association for Gifted Children)、加利福尼亚州超常儿童联合会(Califrnia Association for Gifted Children)、犹他州超常儿童联合会(Utah Association for Gifted Children)、宾夕法尼亚超常儿童联合会(Pennsylvania Association for Gifted Children)等,还有针对资优儿童家长的联合机构,如资优儿童家庭教育联合会(Parent Association for the Exceptionally Gifted)。这些资优教育协会,开展了大量的关于资优教育的政策、理论与实践的研究,为全美高中资优教育实践提供了理论指导,并对联邦以及各州教育政策的制定产生了进一步影响。因此,我国的以高校和研究所为代表的社会力量,应加入"互联网+基础教育"的科学研究中,为实践提供科学的理论指导,促进教育改革实践的成功。

（二）校内校外教育力量的协同参与

"互联网＋基础教育"精准教育的实施，需要校内外多方整合资源、协同参与实施。纵向上，需要大学、中学、小学等不同层次教育相互衔接；横向上，需要校内外教育场景相互协同，学校与校外的社会机构之间建立横向协作关系，共同构建精准教育的保障体系。

吸纳社会资金办学的民办教育机构、私立教育机构，是公立教育的有益补充。随着社会越来越多元化，中高考教育评价体制的逐步改革，教育回归培养学生核心素养的轨道，学习者普遍追求个性化发展达到一个前所未有的高度。校外兴趣培养、素质拓展的私立教育机构是公立中小学学校教育的重要补充。积极利用校外教育资源，推进精准教育发展的探索任重道远。

另外，可以建立学校等教育机构与家庭、政府部门以及科研院所之间的全方位合作关系，形成精准教育研究实施的社会支持系统。在实施基础教育的精准教育方面，不同机构可以发挥各自重要的作用。

首先是学生家庭。在家庭中，父母会根据孩子性格、特征进行个性化教育，因此家庭教育更易实施精准教育。家庭为孩子成长发展提供基础环境，根据马斯洛的需要层此理论，学生只有得到家庭的爱、安全和归属需要，才能产生追求更高层次发展的需求。因此，只有父母为孩子营造良好的家庭环境，积极鼓励孩子自主发展，孩子才更有可能获得自我成长和发展。

其次是高校、科研院所等机构。高校、科研院所等机构是基础教育实施精准教育改革的助推力量，它们通过开展科学研究，尤其是基础教育领域的相关研究，如对精准教育的学生分析、课程信息化教学、课程内容组织等研究。为基础教育改革实践提供理论指导，确保教育实践的科学性；为教育决策部门制定教育相关政策提供有力依据，提高了教育政策制定的精准性。同时，教育科学理论研究，如关于学生发展特征、学生成长规律的研究成果，为家庭教育提供了针对性的指导和帮助。此外，一些精准教育或个性化教育的学术组织的成立，能够促进精准教育的专业团队建设，进而为区域精准教育发展提供专业指导。

再次是国家政府部门。合理有效的教育政策和一定程度的经济支持是精准教育实践、研究的重要保障，而国家教育行政机构是精准教育政策的制定者，也是精准教育发展的重要资金来源。因此，国家政府部门从政策和资金上，都是精准教育的有力保障。

最后，开展实施精准教育的基础教育机构。中小学校及其他教育机构是精准教育的实施者，其人力资源、研究资源、基础设施等的质量直接影响精准教育的效果。

在精准教育实施的过程中，中小学、国家政府部门、高等教育及科研机构与学生家庭分别发挥不同的功能与作用，共同构成"四位一体"的基础教育精准教育发展支持体系。

参考文献

[1] 徐簧 . 教育政策研究的一个可能视域：教育政策与教育实践的关系 [J]. 扬州大学学报（高等教育版），2014（3）：3-7.

[2] 曲正伟 . 政策受众视角下教育政策精准性提升的路径分析 [J]. 国家教育行政学院学报，2021（7）：55-63.

[3] 赵宏，陈丽，王小凯，等 . 现代远程教育政策发展脉络及问题分析 [J]. 中国远程教育，2021（8）：12-20.

[4] 王晓波 . 共话基础教育信息化"新蓝图"：解读"信息技术对教育发展具有革命性影响" [J]. 中小学信息技术教育，2010（12）：9-11.

[5] 周璇，吴怡洁 . 面向未来的芬兰基础教育改革及其对我国的启示 [J]. 文教资料，2021（5）：145-146.

[6] 周青 . 基础教育改革：国家发展的起跑线 [N]. 光明日报，2016-07-03（8）.

[7] 郭元祥 . 学校层面加快教育现代化建设的着眼点：谈新时代背景下深化基础教育改革 [J]. 湖南教育：D 版，2018（4）：4-7.

[8] 付艳萍 . 美国高中资优教育发展研究 [D]. 上海：华东师范大学，2016.